企业商学院

让你的企业价值万亿

杜 涛 编著

企业管理出版社
ENTERPRISE MANAGEMENT PUBLISHING HOUSE

图书在版编目（CIP）数据

企业商学院：让你的企业价值万亿/杜涛编著．—北京：企业管理出版社，2017.7
ISBN 978-7-5164-1534-4

Ⅰ.①企… Ⅱ.①杜… Ⅲ.①企业管理—研究 Ⅳ.①F272

中国版本图书馆 CIP 数据核字（2017）第 140835 号

书　　名：	企业商学院：让你的企业价值万亿
作　　者：	杜　涛
责任编辑：	陈　静
书　　号：	ISBN 978-7-5164-1534-4
出版发行：	企业管理出版社
地　　址：	北京市海淀区紫竹院南路 17 号　　邮编：100048
网　　址：	http://www.emph.cn
电　　话：	总编室 (010) 68701719　发行部 (010) 68701816　编辑部 (010) 68701661
电子信箱	78982468@qq.com
印　　刷：	三河市书文印刷有限公司
经　　销：	新华书店
规　　格：	170 毫米 × 240 毫米　　16 开本　　14 印张　　143 千字
版　　次：	2017 年 7 月第 1 版　　2017 年 7 月第 1 次印刷
定　　价：	49.00 元

版权所有　翻印必究　·　印装有误　负责调换

序言

在这个信息大爆炸的时代，企业如何进行人才经营、降低成本、业绩倍增、做强做大、持续发展？

当下，在经营管理企业的过程中，身为企业家的你，是否会遇到以下问题：

（1）企业总是缺少优秀的人才？如何引进并留住优秀人才？

（2）如何让优秀人才在企业发挥最大的绩效价值？

（3）人力成本总是居高不下，而且每年都在高速增长。

（4）如何应对企业全球化趋势？如何应对产业科技革命？如何面对5G时代、机器人时代的到来？如何成功转型升级？

（5）员工能力跟不上公司发展，人才团队成长缓慢拖了公司发展的后腿，市场机会流失严重。

（6）团队做不好，做领导的干不好管理，做专业的干不好业务，问题解决不了，客户抱怨常见。

（7）员工没有执行力、责任感、凝聚力，工作无积极性，团队意识不强，创新能力跟不上公司发展。

（8）如何应对人力资本老年化？如何发挥人力资本智慧化转化，发挥到极致，做到行业最好？

（9）销售业绩上不去，市场竞争加剧，整体盈利逐渐下降，一年不如一年，市场、品牌、产品、营销、销售、人才、生产、研发、物流、互联网、资本等投入增大，可业绩一直上不去。

如何才能解决上述9大问题？企业必须先内化求强发展，后外化求大发展，只有建立起企业自己的企业商学院，企业才能更好、更系统、更全面、更精准、更持续地解决上述问题，才能立于不败之地，基业长青。

你的企业常有以下现象吗？

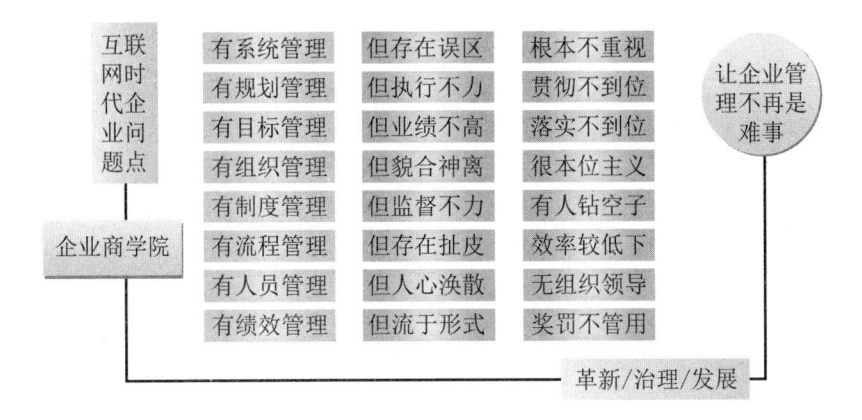

互联网时代企业问题点			让企业管理不再是难事
	有系统管理	但存在误区	根本不重视
	有规划管理	但执行不力	贯彻不到位
	有目标管理	但业绩不高	落实不到位
	有组织管理	但貌合神离	很本位主义
企业商学院	有制度管理	但监督不力	有人钻空子
	有流程管理	但存在扯皮	效率较低下
	有人员管理	但人心涣散	无组织领导
	有绩效管理	但流于形式	奖罚不管用
			革新/治理/发展

上述问题，在建设了企业商学院后，会得到系统全面的解决，让你的企业轻装上阵。

当下，企业处于移动互联网不断发展与演进的市场环境中，这个时代处处充满了未知的变数，企业管理者和员工的思想行为与企业的发展思维一旦不同步或处于不同频道，与整个市场一旦不同步或处于不同频道，企业将会产生全面的、灾难性的问题。

而企业商学院是能够化解这个灾难性问题的尖刀利器及最好的战略性"核武器"！这就是企业商学院不断崛起发展的原因之一，企业商学院在构建企业核心竞争力方面发挥着越来越重要的作用。

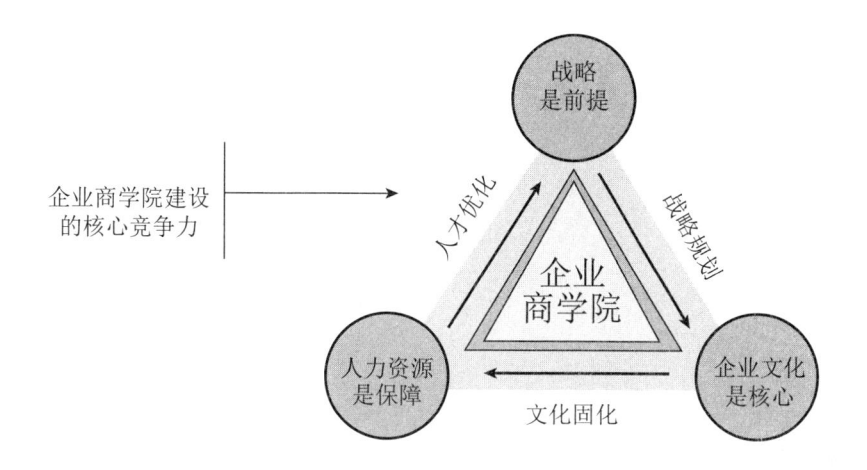

企业商学院建设的核心竞争力 → （图：战略是前提、人力资源是保障、企业文化是核心，围绕"企业商学院"，三边分别为人才优化、战略规划、文化固化）

企业商学院建设，企业战略规划是关键。企业在未来发展的方向、目标是什么？建立什么样的企业文化？企业文化是企业发展的核心竞争力，是企业的"精、气、神"，建立学习型的企业文化是企业持续、健康、稳定发展的核心。精准的战略目标、聚焦的企业文化、卓越的人力资源等是企业持续发展的有力保障。

企业商学院的价值还主要体现在：从人力时代（粗放的劳动力时代）、人事管理时代（有人做事的时代）、人力资源时代（效率最大化时代）到人力资本时代（价值最大化——企业商学院时代）及人力智慧资源时代（能量最大化——企业商学院时代）的演变！

企业商学院是企业的"知识孵化器，人才生产线，绩效转化器，智慧能量场，资源整合器，企业价值链"。

企业商学院，又称企业大学，是优秀企业战略发展的产物，也是企业发展到一定的阶段，为了企业做强做大的战略性智慧投资，其目的是培养与打通企业内外部人才资源与企业智慧资产，重点为企业培养基、中、高层管理人才及与企业发展相匹配的专业人才、核心人才、梯队型人才。企业商学院是以企业内部基、中、高级管理人员为兼职讲师，以企业专业培训讲师、企业产业链上中下游管理兼职讲师、社会培训咨询机构或特聘专家、校企合作老师等为企业商学院师资力量团队。企业商学院以顶层设计、人才胜任开发、岗位学习路径图、工作地图、KPI绩效核心指标等为导向建立的，其以实战模拟、案例研讨、互动教学、落地实战、量身课程设计、梯队讲师培养、课程开发设计、企业内外诊断咨询、项目培训、培训教学组织、学员管理等实效性教育实战培训为手段，建立起以满足企业和员工不断发展需要的一种新型教育与培训实战体系。企业商学院是建立学习型企业组织的催化剂，是推动企业持续发展的助力器。企业商学院通过对企业管理者和员工的培训来为企业的战略、品牌、营销、销售、市场、渠道、研发、客户、消费者、制造、人才、团队、互联网、O2O、组织、资源、跨界、资本、管理、执行力、领导力、智慧等和其他职能服务提供智力支持帮助，并最终满足企业持续发展的战略需要。

企业商学院核心价值

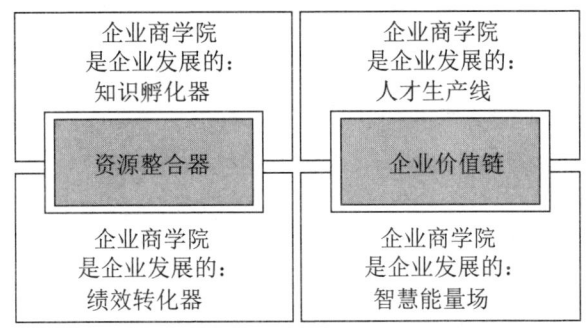

企业商学院 是企业发展的： 知识孵化器	企业商学院 是企业发展的： 人才生产线
资源整合器	企业价值链
企业商学院 是企业发展的： 绩效转化器	企业商学院 是企业发展的： 智慧能量场

1927年，世界第一所企业商学院，美国"通用汽车设计和管理学院（GMI）建立；1988年，中国最早的企业商学院——海信大学和春兰大学相继诞生！之后如海尔大学、华为大学、美的学院、联邦商学院、慕思商学院、健业商学院、新怡商学院、棒杰企业大学、曼姿商学院等企业商学院也相继成立。世界500强企业、中国500强企业，绝大多数拥有或建立了自己的企业商学院。截至2016年，中国的企业商学院无论大小，达到了3500家左右，并且这个数字还在增长。

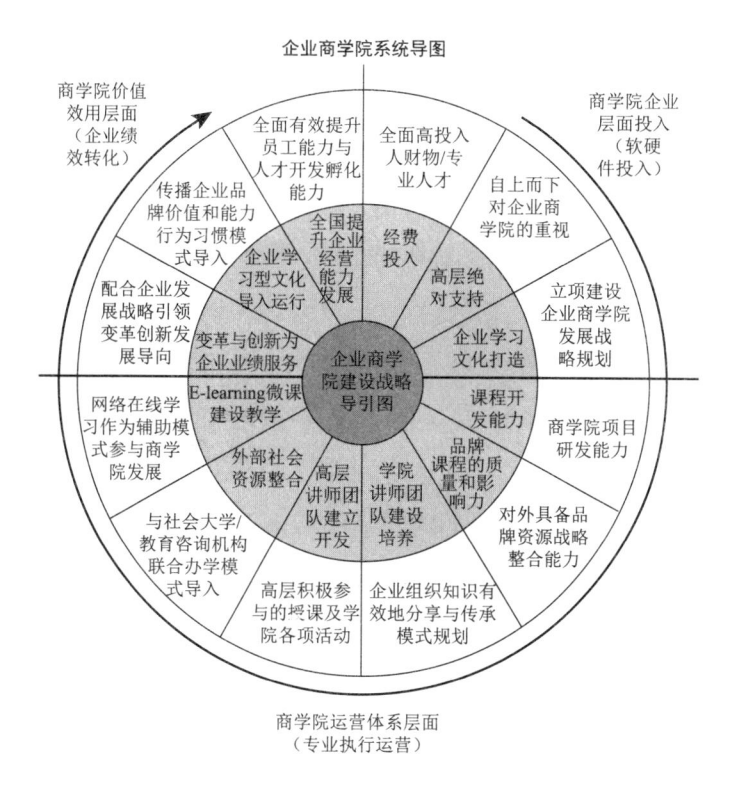

企业商学院系统导图

商学院价值效用层面（企业绩效转化）

商学院企业层面投入（软硬件投入）

商学院运营体系层面（专业执行运营）

　　企业商学院到底具备什么样的情况与魅力，让全世界优秀的企业都在组建企业商学院？

中国商界顶级企业家华为创始人任正非说："华为能有今天的举世成就主要是依靠人才与企业的发展战略，同时华为大学是华为人才的加工中心及孵化器，得人才者得市场。"

中国企业界另一位顶级企业家王健林如是说："从我自身的管理经验，从万达的发展情况，现深深体会到，人才就是钱才，人才就是事业，所以人才发展是决定性的。我们也在做人才培养，万达学院在中国企业商学院中绝对是第一名，而且还要持续投入将其办得更好，服务企业全球化发展！"

建设企业商学院可以整合所有资源为企业所用：将企业隐性知识显性化，将个人知识企业化，将企业知识系统化，将系统知识价值化，将价值知识利润化，为企业发展保驾护航！

感谢清华大学企业竞争力研究中心副主任邢鑫教授，央企大唐集团大唐大学校长、教授贾晶博士，北京大学经济学博士、北京大学企业与教育研究中心主任吴峰教授，海尔集团海尔大学执行校长孙中元教授，中山大学管理学院EMBA总裁班项目主任康鹏胜老师，昆明理工大学教授李少杰博士，长虹集团长虹商学院执行院长李吉兴教授，中兴集团中兴通讯学院院长曾力教授，TCL大学执行校长许芳教授，招商大学总经理罗开位教授，美国安迪曼咨询公司资深高级顾问、教授崔连斌博士，健纺集团营销总经理杨春红，新怡集团原董事长陈志伟，新怡集团董事长黄爱群，新怡集团总裁何俊文，香港依黛丽集团董事长兼总裁危志强，总裁演说家导师罗成教授，原康美药业HR总经理/新怡集团HR高级总监郭马兵，联邦集团HR总经理王汉东，慕思集团HR高级总监兼总裁办公室主任朱建林等给予的帮助、指导和支持！再一次感恩各位企业商学院建设领域的专家、学者、同行、企业家、老领导、老同事、老同学、好朋友及家人等的大力支持、帮助、指导和厚爱！

企业商学院是企业持续、稳定增长发展的关键核心竞争力。目前，我国企业商学院的发展刚刚起步，还处在发展、探索、研究、成长阶段，所以本书还有很多未尽事宜，还请各位同行、专家、学者、导师、培训老师、HR专家、企业家，及企业商学院的建设者们提出宝贵的意见与建议，多多指正，共同谈讨企业商学院建设与发展的真谛！谢谢！

杜涛

2017年03月23日于广州

目录

第一章　1
企业商学院的战略使命
　　一、企业商学院的战略思维　　　　　　　　　　　3
　　二、企业商学院的八大战略目标　　　　　　　　　4
　　三、企业商学院的建设设计思路　　　　　　　　　7
　　四、企业商学院所受管属对接部门战略规划　　　11
　　五、企业商学院建设工匠战略精神　　　　　　　14
　　六、世界500强与中国500强著名企业商学院建设定位分享　　18

第二章　21
企业商学院的院徽设计、组织架构及相关职责
　　一、企业商学院的院徽设计　　　　　　　　　　22
　　二、企业商学院组织架构规划　　　　　　　　　23
　　三、企业商学院各级岗位职责　　　　　　　　　26
　　四、企业商学院组织架构设计定位　　　　　　　32
　　五、企业商学院运营实操导引　　　　　　　　　32

第三章　35
企业商学院培训与训练流程规划
　　一、企业商学院培训与训练流程　　　　　　　　36
　　二、企业商学院培训与训练核心　　　　　　　　37

目录

　　三、企业商学院人才培训系统导图　　37
　　四、企业商学院人才胜任力系统　　38

第四章　41
企业商学院学科设计与课程开发

　　一、企业商学院学科设计与课程开发理念　　42
　　二、企业商学院学科设置规划　　44
　　三、企业商学院课程设置　　49
　　四、企业商学院课程开发人职责　　51
　　五、企业商学院课程开发流程实操导图　　52
　　六、企业商学院课程开发课酬标准体系　　53

第五章　55
企业商学院学员学分教学管理规划系统

　　一、企业商学院学员学分管理课程设置　　56
　　二、企业商学院培训学分标准体系　　57
　　三、企业商学院培训学分的获取与应用　　57
　　四、企业商学院岗位任职资格培训课程及同等学历课程　　58
　　五、企业商学院岗位任职资格证书及同等学历证书的适用范围　　59
　　六、企业商学院培训效果评估　　60

目录

第六章 / **63**

企业商学院培训实施管理规划体系

一、企业商学院培训资源准备阶段	64
二、企业商学院培训实施过程	66
三、企业商学院培训评估与考核体系	67
四、企业商学院培训结果PDCA循环管理提升模式	68
五、企业商学院培训效果绩效转化体系	69
六、企业商学院培训评估与绩效转化体系	69
七、企业商学院培训文化体系建设	73

第七章 / **75**

企业商学院讲师培养规划

一、企业商学院讲师的使命及价值	76
二、企业商学院讲师管理指导原则	76
三、企业商学院内部讲师及其他部门职责	78
四、企业商学院讲师选拔标准	80
五、企业商学院讲师培养规划	82
六、企业商学院内部讲师考核与晋级	83
七、企业商学院讲师津贴	87
八、企业商学院内部讲师纪律	89
九、企业商学院外聘讲师管理	89
十、企业商学院讲师九种专业讲授教学方式	90

目录

十一、企业商学院讲师魅力讲授技术导图　　91

十二、企业商学院讲师授课禁忌　　93

第八章　95
企业商学院外派培训管理规划

一、企业商学院外派培训的适用条件　　96

二、企业商学院外派培训的准备　　96

三、企业商学院培训协议的签订　　97

四、企业商学院培训费用的借款、付款与结算　　97

五、企业商学院培训费用报销的情形与范围　　97

六、企业商学院培训费用不予报销的情形与范围　　97

七、企业商学院外派培训的考勤管理　　98

八、企业商学院外派培训人员的职务代理　　98

九、企业商学院外派培训的纪律要求与效果评估　　98

第九章　101
企业商学院领导力开发中心与EMBA管理案例库

一、企业商学院领导力开发中心建立　　102

二、领导力开发-胜任能力素质模型与学习路径图及核心课程规划　　103

三、领导力开发胜任能力素质操作程序　　105

四、企业商学院管理案例库（EMBA）　　106

五、企业商学院管理案例库案例收集与来源　　106

目录

第十章　**111**
企业商学院建设模式
一、企业自建商学院模式　　　　　　　　　　112
二、企业引用IT技术导入模式　　　　　　　　115
三、企业与社会大学校企合作模式　　　　　　116
四、企业与咨询培训机构合作模式　　　　　　117
五、企业跨界联合企业办企业商学院模式　　　117
六、企业商学院承包办学模式　　　　　　　　117

第十一章　**119**
企业商学院资产及其他设施管理规划
一、企业商学院培训专用教室　　　　　　　　120
二、企业商学院图书室管理　　　　　　　　　120
三、企业商学院内训档案管理　　　　　　　　120
四、企业商学院其他培训设施管理　　　　　　122
五、企业商学院课程资料管理　　　　　　　　123
六、企业商学院报刊杂志证书管理　　　　　　124

第十二章　**127**
企业商学院互联网学习新模式
一、企业商学院O2O培训新模式　　　　　　　128
二、企业商学院线上线下学习模式　　　　　　129

三、企业商学院O2O培训课程设计与开发　　　　　　　　129

四、企业商学院O2O培训运营组织设计与规划　　　　　　129

第十三章　131
企业商学院向利润中心转型升级模式

一、企业商学院初建期　　　　　　　　　　　　　　　　132

二、企业商学院成长期　　　　　　　　　　　　　　　　133

三、企业商学院发展期　　　　　　　　　　　　　　　　133

四、企业商学院转型升级期　　　　　　　　　　　　　　134

五、企业商学院后期转化规划　　　　　　　　　　　　　135

六、企业商学院从投入到盈利指标数　　　　　　　　　　136

第十四章　137
如何才能建好企业商学院

一、企业对人、财、物进行建设性投入　　　　　　　　　138

二、建设企业商学院的十二种互联网思维　　　　　　　　138

三、建设好企业商学院需要科学的系统　　　　　　　　　139

四、建设企业商学院的系统指标　　　　　　　　　　　　140

五、建设好企业商学院关键是"抓""实""严""诚"　　141

六、建设好企业商学院的五个关键环节　　　　　　　　　142

七、企业要为成功办成企业商学院塑造五大环境　　　　　142

八、企业商学院核心竞争力机制及学习型组织营造　　　　143

九、企业商学院建设PDCA模式　　　　　　　　　　　　143

目录

十、成功建设企业商学院三大系统　　　　　　　　144

十一、从传统培训到企业商学院跨越系统　　　　　145

十二、建设企业商学院运营管理手册是关键　　　　147

第十五章　149
企业商学院部分专业表格

附录　171
中国著名企业大学

一、华为大学　　　　　　172

二、海尔大学　　　　　　176

三、奥康大学　　　　　　182

四、平安大学　　　　　　184

五、美的学院　　　　　　188

六、雨润大学　　　　　　191

七、蒙牛商学院　　　　　195

八、宝洁大学　　　　　　200

第一章

企业商学院的战略使命

企业商学院：让你的企业价值万亿

企业商学院的成功建设与发展，是与全面规划及战略核心定位密不可分的。精准定位，核心规划，系统建设，资源配置，软硬设施，科学运营，专才匹配，战略决策等决定了企业商学院建设与发展的速度及成功度。大唐大学、华为大学、海尔大学、美的学院、春兰大学、海信学院、TCL大学、万达学院、奥康大学、长虹商学院、康佳学院、中兴通讯学院等著名的企业商学院都有全面而精准的战略使命定位与科学规划，与企业短、中、长期战略发展非常匹配，所以非常成功，真正做到了为企业的持续发展保驾护航。

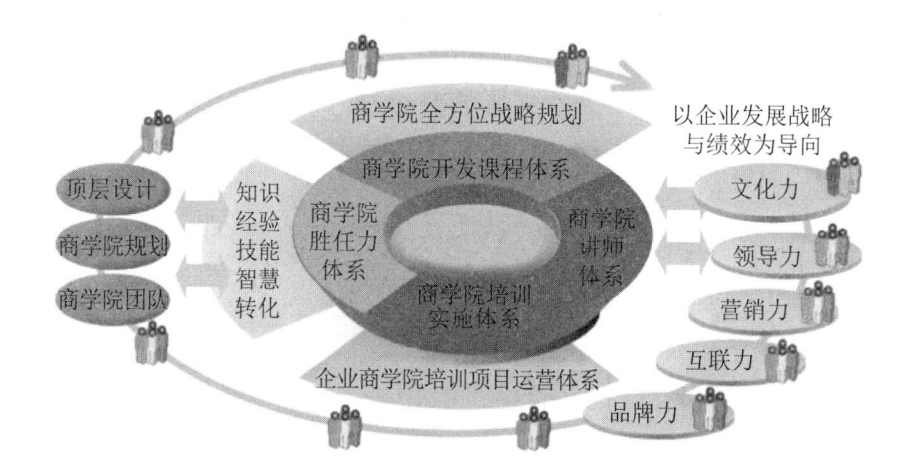

企业商学院的卓越运营离不开"清晰的战略定位与规划"，"系统的课程体系""一流的讲师团队"以及"高效、科学、专业的运营组织"是建设与办学成功的关键重点环节与核心。

某企业商学院战略规划

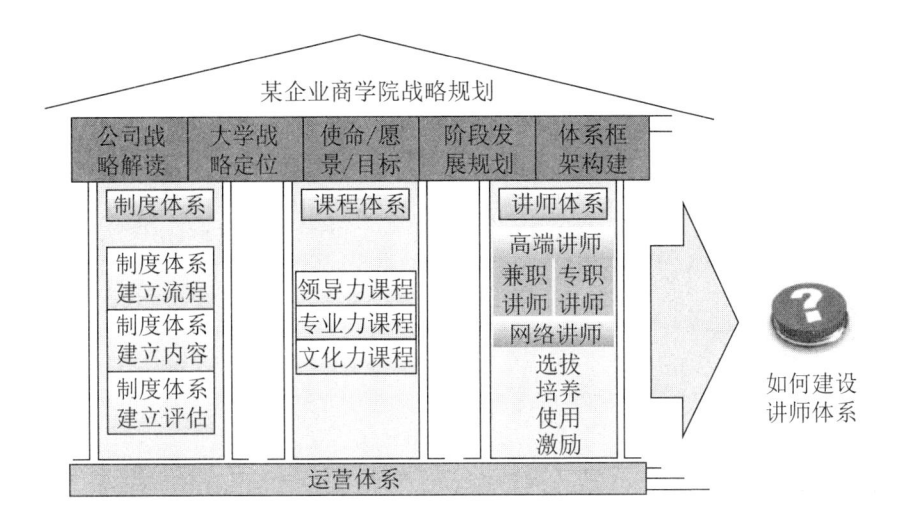

公司战略解读	大学战略定位	使命/愿景/目标	阶段发展规划	体系框架构建
制度体系		课程体系		讲师体系
制度体系建立流程		领导力课程		高端讲师 兼职讲师　专职讲师 网络讲师
制度体系建立内容		专业力课程		选拔 培养
制度体系建立评估		文化力课程		使用 激励

运营体系

如何建设讲师体系

一、企业商学院的战略思维

企业发展战略与绩效导向如下：

（1）企业商学院以企业集团的企业文化为根基，以构筑全员培训学习体系为基础，以打造学习型组织为导向，以经营管理目标的达成为着力点，以多种形式的培训和学习为操作手段，运用现代科技并按照混合式培训模式设立的实体及互联网技术E-Learning虚拟化的企业学习为基础，逐步形成企业集团内部梯队核心精英人才培养体系、知识管理体系、技术创新体系、互联网融合发展体系、新零售运营体系、管理与领导力提升体系、市场经营与销售业绩体系、企业持续发展战略布局体系等经营发展的智力资源平台，使企业实现长远发展的战略目标。

（2）企业商学院服务于企业集团发展战略和中长期工作规划的实施，为企业集团建设人力资源与人力资本开发平台，全力培育有信仰、有思想、有责任、有使命、有创新、有担当、肯付出、有正确价值观、有知识、有技术、有能力的人力资源与人力资本梯队，推动员工的职业发展，促进企业集团持续、健康、稳定发展。

（3）企业商学院在条件许可的情况下，逐步向集团价值链的上下游延伸，为商业伙伴、合作机构乃至于消费者输出企业的核心价值观和品牌文化，提供经营、管理、技术、研发、创新、营销、销售、人才、服务、互联网、产品等方面的内外部培训和咨询，促进企业价值链的整合和协同化发展。

二、企业商学院的八大战略目标

企业商学院的八大战略目标

为人才培养与开发孵化目标	为企业提供咨询诊断目标
为企业知识智慧转化目标	为企业整合价值链发展目标
为企业传播企业文化目标	为企业创造绩效与利润目标
为企业战略和变革的助推器目标	为企业跨界与融合发展目标

1. 为人才培养与开发孵化目标

随着企业集团的快速成长和规模的不断增大，对人才的需求无论在类型、数量、质量等方面都提出了新的要求，过去传统的培训方式已难以满足集团对人才的需求。企业商学院作为集团人才培养与开发的重要平台，将利用其强大的培训资源、高效的组织能力、专业的培训人才等优势，为集团各部门和分、子公司批量培养各类所需人才，为集团的发展提供人才方面的保障。

2. 为企业知识智慧转化目标

企业商学院的建立，将有助于集团完善知识管理，形成知识的获取、传递、应用、创新的良性运作。企业商学院将基于集团战略与经营要求和员工职业生涯发展需要，依靠商学院各学科带头人和内部讲师，将公司内部各类有价值的显性或隐性知识（包括各类规章制度，工作流程和标准，岗位知识、技能和经验，管理经验和技巧，个人或团队行为、价值观等）进行整理、提炼、集成，形成系统化的公司知识；同时，商学院还将借助外部讲师和各类知识的载体，不断吸收有价值的外部知识，作为公司知识的有益补充。凭借强大的知识库，商学院将对集团各部门、分子公司的团队和个人，输出其所需要的有用知识，为改善工作绩效、促进员工职业发展提供有力的支持。

3. 为企业传播企业文化目标

作为企业文化的传播者，企业商学院将通过组织各类培训和活动，向员工宣传、讲解集团公司的经营理念、核心价值观、行为规范，让公司员工了解、熟悉、认同企业的文化，提高员工的凝聚力。同时，利用商学院的外部联系和影响，企业可以将企业文化向供应商、经销商、市场和社会展示，这有助于树立良好的企业形象，扩大集团公司的外部影响力。

4. 为企业战略和变革的助推器目标

企业商学院是企业战略宣贯的重要渠道，通过有组织的企业战略宣贯，有助于员工及时了解企业的经营目标和方向，从而快速达成战略共识。对于企业战略在实施过程中碰到的难点和瓶颈，商学院可以组织内外部有关专家，对存在的问题进行探讨并形成有针对性的对策，帮助企业战略的更有效推进。此外，商学院凭借其可以整合内外部资源的优势，通过引进或创新产生先进合用的管理理念、方法和工具，为企业的变革提供智力支持，从而推动企业持续健康发展。

5. 为企业提供咨询诊断目标

企业商学院凭借其丰富的管理案例库和内外部各类型专家，可以为企业的生产经营管理活动提供咨询诊断服务。商学院通过系统地整理、提炼集团内部出现的各类有价值的事例和素材，同时辅以引进外部典型管理案例，建成具有企业特色的管理案例库，有助于丰富教学的形式，便于管理干部和员工查阅和学习，从而提高培训的实操性。针对日常生产经营活动中存在的问题，商学院通过组织内外部专家，对问题进行诊断，提出合理建议，解决各类管理难题。

6. 为企业整合价值链发展目标

条件成熟时，企业商学院将为产业链上的合作伙伴提供必要的培训与管理咨询，有助于增进合作互信、整合上下游资源、降低交易成本，有效提升集团的行业竞争优势。

7. 为企业创造绩效与利润目标

企业商学院的长期目标是从企业的成本中心逐步向利润中

心转变。随着商学院自身实力的提升，成熟的培训项目或课程可以逐步对外部用户开放，进行有偿服务。商学院的引导使得广大员工树立了尊重知识、善用知识的理念和习惯，也使企业集团成长为真正的学习型组织。

8. 为企业跨界与融合发展目标

企业商学院根据企业发展战略进行跨界企业经营管理研究、开发、设计课程，为跨界企业提供培训核心人才、梯队人才、专业人才项目服务。

例如，任正非对华为大学提出以下6个要求：

（1）华为大学的办学方针要从"培养制"转变为"选拔制"，干部和员工有偿学习，自我提高；

（2）推行内部人力市场，使员工调整岗位有可能；

（3）公开绩效考核结果，用"公开"监督干部和AT运作；

（4）沿着流程梳理组织责任，精简组织机构，均衡开展组织建设和干部管理；

（5）干部要传承公司价值观，知恩畏罪，踏实做事，严禁拍马屁之风；

（6）在低端员工中，推行同等学历的认证制度。

三、企业商学院的建设设计思路

"企业商学院"这一管理术语在20世纪50年代由沃尔特·迪斯尼（Walt Disney）公司首先采用，得以传播。企业商学院发展分为以下三个大的时期：

企业商学院：让你的企业价值万亿

01 第一时期为企业商学院开启期
02 第二时期为企业商学院成长期
03 第三时期为企业商学院发展期

  第一时期为企业商学院开启期（20世纪20年代的早中期）。通用电气的查尔·斯坦因梅茨（Charles Steinmetz）博士早在1914年就提倡建立企业商学院。1927年，通用汽车创办了通用汽车设计和管理学院（GMI），试图将培训和学习带到工作中来，为美国的"在职学习运动"做出了极大贡献。这一阶段的培训对象包括企业的全体员工，培训主体以企业内部培训机构身份出现，服务企业内部发展，从而开启了企业商学院培训模式的先河。

  第二时期为企业商学院成长期（20世纪20年代后期至80年代中期）。随着时代的变迁，企业开始尝试与社会传统大学合作，共同培训职员工技能、传授知识和经验，传统的培训体制开始发生改变，这时期企业商学院开始在优秀企业里建立并逐步发展。

  第三时期为企业商学院发展期（20世纪80年代中后期直到今天）。企业创建学习型组织的实践风靡全球，企业商学院开始在企业持续发展中发挥重要作用与核心影响力，为企业战略发展服务，其培训教育包括了整个产业上中下价值链成员。一些跨国企业纷纷将企业商学院办成国际性教育组织，以摩托罗拉大学为例，自20世纪80年代成立以来，共建立90多处分校，遍布25个国家及地区。

企业商学院的建设设计思路

- 企业商学院建设设计理念
- 企业商学院管理组织架构
- 企业商学院管理运作体系
- 企业商学院日常培训模式
- 企业商学院推进方式
- 企业商学院绩效方式

1. 企业商学院建设设计理念

以企业集团的企业文化和发展规划为核心来设计和运营，在为员工提供知识、技能和经验等培训的同时注重企业文化、经营愿景和战略思想的引导与开发，努力形成企业的战斗力、凝聚力和团队力，员工的归属感、拼搏力及极积性。

2. 企业商学院管理组织架构

企业商学院具有与社会普通高等学院类似的教学培训组织管理架构，即具有学科、教材、学员、师资、设备、教学、学分等要素和管理制度等，同时还根据企业集团的发展战略与实际经营状况具备了特有的个性化组织模式。

3. 企业商学院管理运作体系

基于企业集团战略和经营要求以及员工职业生涯发展需要，企业商学院应当建立包含制度层、资源层、运营层、管理层与发展层的完善运作体系。制度层面涉及支撑商学院运作的各种制度；资源层面涉及商学院运作所需的各项关键要素，如：课程、对外、师资、场地、设备、图书、经费等；运营层面涉及企业商学院的实践执行落地活动；管理层面涉及商学院在近期、中期、远期发展过程中的有效控制与战略目标的实现；发展层面涉及商学院在运作过程中包括一系列的工作内容与流程及资源新模式的完善与转型升级创新，如从创办初期的为企业内部服务，升华为战略型为外部及社会服务，再转变为利润事业体。

4. 企业商学院日常培训模式

日常培训采用以内部集中分批讲授、组织研讨、工作指导、现场操作、在线及多媒体学习以及员工自学的培训方式为主；以外派学习、参观考察、企业实践、外训拓展训练等培训方式为辅的混合式培训新模式。日常培训既有传统社会大学的教学思维模式，又有企业商学院的独特性（以业绩为导向）、灵活性、实操性、落地性等培训模式，动态转换，教学形式及活动重点是"灵活运用、绩效导向、结果第一、复制落地、实用实效"等特点的把控。企业商学院应采用不是必完成任务为目的，而是以作用与创造实用价值为目的的日常培训模式。

5. 企业商学院推进方式

学院具有相对固定的教学培训平台和培训实践训练基地，培训训练形式为实体兼虚拟。企业商学院采取兼职和专职培训教学工作相结合的方式，以教学相长、取长补短、共同提高为培训教学要求，形成了培训训练以突出重点、教学先急后缓、培训先易后难、实践先专后博、训练循序渐进为发展方向的新教学模式。一般企业商学院由教务处编排好日、周、月、季、年度培训课程规划，而后化整为分，进行目标分解步步推移，开展培训推进，如课程开发设计重点、培训评估重点、培训落地连接重点，环环相扣，推进培训教学。

6. 企业商学院绩效方式

企业商学院在培训教学工作之中，绩效评估更为重要，所有的培训项目要与培训绩效相结合，上接战略，下接绩效，确保每项培训项目都落到实处，呈现业绩绩效价值。企业商学院的培训项目应采用以结果为导向的教学新模式。很多企业在培训过程中往往就因为培训绩效没评估或评估不到位，导致培训无效果，业绩不明显，效果不显著，导致参与培训学习的人越来越少，甚至员工报怨是在浪费时间，最终培训开展不下去，企业商学院也只是挂了个牌，立了个名，后续根本无法办下去。所以培训评估绩效体系很重要，其中培训价值体系与培训能力转化、福利待遇体系是重点，也是很多企业不重视或没做到位的，做到位了，培训效果与绩效一定会好。

四、企业商学院所受管属对接部门战略规划

1. 企业商学院与企业的对接路径

企业商学院职位任职规定：董事长任院长，总裁或总经理任常务院长，HR负责人可任第二常务院长，执行院长必须由专业人员担任（很懂的专业人才），不可由其他职位领导担任或

挂名，否则定位不清，职责不明，专业不聚焦，企业商学院难以办成功。很多企业商学院没办好，都是因为挂职的没真正干实事，而干实事的人又没决策权，这是很多企业商学院只挂了块牌的原因。

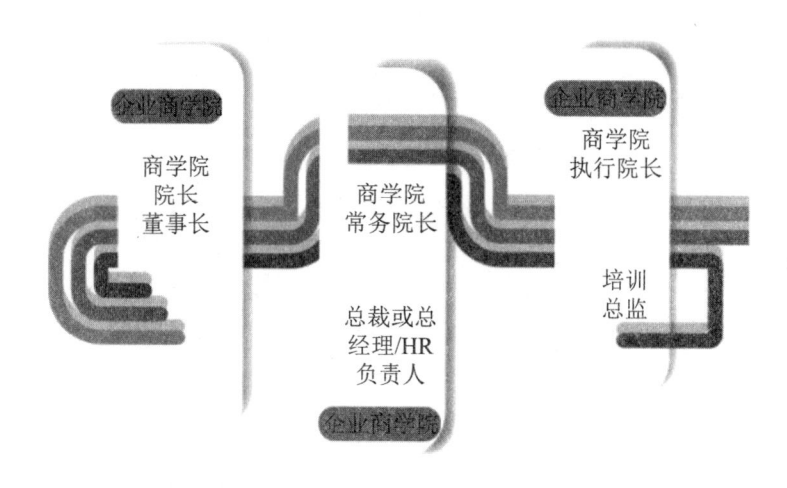

```
企业商学院          企业商学院
商学院              商学院
院长                执行院长
董事长
        商学院
        常务院长      培训
                    总监
        总裁或总
        经理/HR
        负责人
        企业商学院
```

5类管属对接模式如下：

（1）企业商学院由人力资源部门统一管理，执行院长由培训经理或培训总监担任（传统管理设计模式，非常成功的案例不多，效果不显著，但也可以操作）。

企业规模在500～1000人的企业刚开始建企业商学院时，可以由人力资源部对接管理，但半年或一年后，为了更好地建设企业商学院，企业商学院可作为企业独立、专业的部门来操作。

（2）企业商学院与人力资源部门是配合关系，由分管总经理或副总裁管理，执行院长由培训总监担任（较创新管理设计模式，成功案例较多，效果显著）。

企业规模在1000～2000人的企业刚开始建企业商学院时，可以由人力资源部分管高层领导对接管理，但半年或一年后，为了更好地建设企业商学院，企业商学院可作为企业独立、专业的部门来操作。

（3）企业商学院由总经办或董事办公室管理，执行院长由培训总监或培训副总或总经理担任（创新科学管理设计模式，成功案例较多）。

企业规模在2000～3000人的企业商学院可由分管高层领导对接管理，可作为企业独立、专业的部门来操作。

（4）企业商学院直接由企业总经理或董事长及董事局主席管理，执行院长由培训总监以上人员担任（最佳科学管理设计模式）。

企业规模在3000～5000人的企业商学院可由分管高层领导对接管理，可作为企业独立、专业的部门来操作。

（5）由初创的成本管理中心到建成企业发展的利润中心转型升级模式（成功案例有，但要具备强大的经济投入实力、强大的人才投入实力、强大的管理实力、强大的企业发展战略实力）。

企业商学院全面完善后，可以进行独立核算，自负盈亏经营，成为企业集团的盈利性业务型单元个体存在，不但服务企业战略目标得以实现，而且也是盈利单位。

2. 企业商学院主要领导职位的设计建议

500～3000人的企业，企业商学院的院长应由企业创始人（老板）担任，常务院长由总经理担任。企业商学院的执行院长可以由培训高级经理或培训总监担任，由此形成专业建设，专业管理，专业培训操作。

3000~5000人的企业，企业商学院的院长由企业创始人（老板）担任，常务院长由集团总经理或集团总裁担任。企业商学院的执行院长可以由培训总监或培训高级总监担任，由总监级或高级总监级来专业操作。

5000~8000人的企业，企业商学院的院长由企业创始人（老板）担任，常务院长由集团总经理或集团总裁担任。企业商学院执行院长可由高级培训总监或培训总经理专业操作。

3. 企业商学院建设标准评估

一般企业人员规模达到600~800人就应该建立企业商学院，为企业中长远持续发展、做强做大进行人才培训服务。企业商学院不但可以进行本企业内部人才的培训与培养，而且还可以进行企业上中下产业价值链上的管理、员工和客户培训服务，助推企业中长期战略发展。企业商学院真正是企业的人才生产线，人才加工厂，要什么样的人才，就生产什么样的人才，要什么样的人才，就加工什么样的人才。

五、企业商学院建设工匠战略精神

建设企业商学院一定需要工匠精神，其核心指导思想是"精""准""细""严"，在建设企业商学院的每一个环节中都必须精益求精，才能更好地服务企业发展！"工匠精神"是指工匠对自己的产品精雕细琢，精益求精。工匠们喜欢不断雕琢自己的产品，不断改善自己的工艺，享受着产品在双手中升华的过程。工匠精神的目标是打造本行业最优质的产品，打

第一章 企业商学院的战略使命

造其他同行无法匹敌的卓越产品。总之，工匠精神就是追求卓越的创新极致精神、精益求精的品质极致精神、用户至上的服务极致精神。企业商学院建设的初心是服务企业、服务员工、服务客户、服务社会，所以建设优秀的企业商学院必须具有工匠精神。

企业商学院建设的工匠精神核心思想：精、准、细、严

	精	准	企业商学院工匠精神
	做精、精益求精最佳、最优，追求最好	准确、准时。判断、决策、计划、执行、汇报	●精、准、细、严包含了管理过程的各种环节：精是目标，追求最好；准是信息与决策，准确无误；细是执行细化，重视细节；严是严格控制偏差，一丝不苟。
	绩效目标	时间要求	
	细 工作做细、管理做细。操作细化，执行细化	严 严格控制误差，严格执行标准（商学院制度、流程、标准）	
	实施方法	工作质量	
商学院	低成本	快速反应	

当今社会心浮气躁，很多企业都在追求"短（立即办好）、平（投入少）、快（立即见效）"（企业想投资少，又要周期短，又要见效快）带来的即时利益，从而忽略了产品的品质灵魂与人才发展培养。因此，企业更需要精益求精的工匠精神，才能在长期的竞争中获得成功并立于不败之地。坚持"工匠精神"的企业，依靠信念、信仰，看着产品不断改进、不断完善，最终，通过高标准历练之后，成为众多用户的骄傲。工匠精神也是企业商学院持续发展的关键。

面对当今科技革命、产业升级、管理变革、人才创新、信息爆炸的时代，现加之人才红利时代也基本已经结束，企业生存发展处在关键时期，又处在第五次工业科技化革命转型期，

企业商学院：让你的企业价值万亿

因此建设企业商学院是保证企业持续稳定发展的关键举措，提前布局企业未来几十年或上百年发展人才基业，为企业创造生存基因（DNA），全面培训人从人才到专才再到专家再到真正企业人才的全面转化，建设企业商学院的每一步都要精益求精，力求完美。

如：众多企业在立项建设企业商学院的时候，重点是要先思考好，企业为什么要建商学院？建商学院对企业发展又有什么好处？"优势""劣势""威胁""机会"等在哪里？作用、价值、意义又在哪里？如何建？是建成一般、优秀还是卓越？定位不一样，最终企业商学院建设的成功与否的结果也不一样。在关键岗位的人才选择上不可马虎与随便（执行院长），大多数企业为省人力都选择由HR部门人员来担任或负责，并不是不可以，但是HR负责人本身的工作事项较多，就难有专门的时间做专业的事情。事实上，HR部门与企业商学院是一种合作、伙伴、互助、共赢的关系，要想真正建好企业商学院，必须由专业的人负责建设与管理。建企业商学院的工匠精神体现在商学院教学场地规划、商学院组织架构设计、商学院制度体系建设、商学院课程开发等方方面面。

现在，很多企业建设的商学院其实只是挂了一块牌子，没有什么实质性的内容，更没有专业的人才做专业的事情，没有讲师团队，没有课程体系，没有培训体系，没有评估考核体系，没有人才开发体系，没有人才转化系统，没有培训盈利系统，没有核心人才孵化系统等，只是进行简单的员工入职与企业制度培训，实在名不副实，这样根本发挥不了企业商学院的作用。

企业商学院真正建设完善，能为企业转型升级发展服务，还要经历漫长的过程，这个过程需要一批具有工匠精神的专业人才共同研究、钻研、攻克、突破。这样，企业商学院才能更好地为企业服务。

建立企业商学院需要一个积累的
成长过程（工匠精神）

建立企业商学院需要一个积累的成长过程（工匠精神）：分以下五个阶段进行：

项目	第一阶段	第二阶段	第三阶段	第四阶段	第五阶段
项目成立	立项计划期	成立起步期	完善期	成长期	稳定期
专业人才	学院人才准备	专业人才定位	专业团队运作	专业团队执行	专业团队管理
教学场所	教学设备计划	教室、教具、图书到位	教学设备完善	教学设备完善升级	教学设备齐全
讲师团队	讲师团队计划	讲师团队训练	讲师团队培养	讲师团队优秀	讲师团队专业
课程研发	计划课程项目	课程开发定位	通用课程开发	精品课程开发体系	精品/专业通用课程开发
社会资源、市场资源	社会教学资源计划	同行/咨询机构/社会大学整合之用	同行/行业/咨询机构/社会大学整合合作	同行/行业/咨询机构/社会大学整合共赢	同行/行业/咨询机构/社会大学整合多赢走向社会培训，盈利

六、世界500强与中国500强著名企业商学院建设定位分享

根据不同企业的发展方式，企业商学院的定位各不相同；同一所企业商学院处于不同的发展阶段，常常也有不同的定位。以下所列是根据2013年中国企业商学院院长年度论坛嘉宾所述而整理（仅供参考）：

华为大学战略定位是：华为大学旨在以融贯东西的管理智慧和华为的企业实践经验，培养职业化经理人，发展国际化领导力，成为企业发展的助推器。大学依据公司总体发展战略和人力资源战略，推动和组织公司培训体系的建设，并通过对各类员工和管理人员的培训和发展，支持公司的战略实施、业务发展和人力资本增值；对外配合公司业务发展和客户服务策略，为客户和合作伙伴提供全面的技术和管理培训解决方案，提升客户满意度；同时通过华为的管理实践经验的分享，与同业共同提升竞争力。华为大学目前拥有300多名专职和逾千名兼职培训管理和专业人士，遍布于中国深圳总部和中国及世界各大洲的分部/代表处。

美的学院战略定位是：围绕经营，传承文化。

长虹商学院战略定位是：企业大学服务公司战略，负责企业文化建设，进行知识管理，服务整个产业链，并且正逐步向利润中心转变。

沃尔玛大学战略定位是：企业大学对企业战略和业务形成支持。

惠普学院战略定位是：企业大学是组织的战略伙伴。

中兴通讯学院战略定位是：将企业大学界定为业务的支持

服务部门，企业大学通过开发有针对性的产品和服务，满足内部客户的需要。

伊利学院战略定位是：企业大学上接战略、中间培养人才和发展组织、下接绩效。

万达学院战略定位是：企业大学负责组织诊断、培训管理、知识管理。

中国春兰学院战略定位特点是："高起点培养人才，为企业经济服务"是春兰集团的办学方针。学院以教学为中心、提高教学质量为重点，把为集团培养多学科、多领域的高层次人才作为主要任务。在培养人才上开办不同层次的学历教育。目前，学院设有职前的本科、研究生、博士生等多层次的学历教育，并设有在职管理人员、职工岗位培训、工程技术人员业务培训、继续教育以及关键岗位的专题培训等多项教育内容。

新怡服饰集团新怡商学院战略定位是：为企业持续发展培训基、中、高层管理专才，为培训营销精英核心、梯队、专业人才，为终端培训店长、导购销售精英，协助全国代理商、经销商培训服务。

长虹商学院战略定位是：为一个整合行业培训资源，面向行业经销商、培训机构、内部员工、终端用户的培训运营平台。面向对象：长虹经销商，行业培训机构，长虹员工，长虹终端用户；培训范围：长虹产品与文化，企业经营与管理，个人学习与成长，家庭教育；培训方式：正式培训与非正式培训相结合，面授培训与网络培训相结合；运营模式：资源整合与共享，以盈利为核心，与电商结合。

中航大学战略定位是："三个中心"和"两个渠道"。三

企业商学院：让你的企业价值万亿

个中心是：成为人力资本投资中心，创新思维推进中心，理念文化传播中心。两个渠道是：高级经营管理人才培训的主渠道，高级科技人才综合培训的主渠道。中航大学根据中航工业的人才规划和人力资源部下达的年度培训计划，开展各类人员的培训工作。主要的业务部门及各直属单位、部门、成员单位、业务等是企业大学的培训客户学员。

企业商学院建设方面战略定位，一定要根据企业实际的发展情况而定，可以根据企业短、中、长期发展规划来设定阶段性的战略定位，凸显企业商学院的建设重点、方向，更好地服务于企业发展。

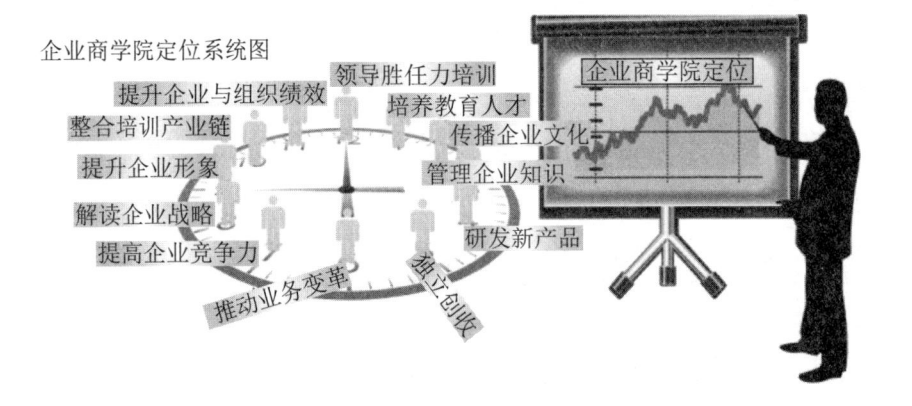

企业商学院定位系统图

- 提升企业与组织绩效
- 整合培训产业链
- 提升企业形象
- 解读企业战略
- 提高企业竞争力
- 推动业务变革
- 领导胜任力培训
- 培养教育人才
- 传播企业文化
- 管理企业知识
- 研发新产品
- 执行创收

企业商学院定位

第二章

企业商学院的院徽设计、组织架构及相关职责

企业商学院：让你的企业价值万亿

一、企业商学院的院徽设计

企业商学院的院徽设计可以以企业文化、企业品牌、企业战略、企业产品、企业发展价值观、企业市场、企业使命、企业远景和企业管理等为依据进行。

企业商学院的院徽设计

- 以企业文化
- 以企业品牌
- 以企业战略
- 以企业产品
- 以企业发展价值观
- 以企业市场
- 以企业使命
- 以企业远景
- 以企业管理

（企业商学院院徽设计定位参考）

企业商学院院徽可根据企业文化设计，如广东新怡服饰集团新怡商学院的院徽就是依托新怡集团30年来所发展的企业文化进行设计的，用橙色做商学院院徽的底色，显示出企业所具有的久远、活力的文化，院徽中间用企业办公大楼做中心符号，彰显企业以发展为本，并展示了企业商学院的人文情怀。

新怡商学院
SUNNY BUSINESS COLLEGE

第二章　**企业商学院的院徽设计、组织架构及相关职责**

企业商学院院徽可根据企业产品来设计，如依黛丽内衣商学院，其院徽中间核心标识用产品"内衣"形成一个"商"字标识，彰显企业商学院以产品为中心的发展模式，体现企业在发展过程中的核心战略方向、目标、远景等重点规划，将管理与领导核心放到首位，以人为本，人是一切的根本之所在；第二位是研发与制造生产，产品是企业存在的核心与根本，好的产品引爆市场，服务消费者；第三位是营销与销售，只有将产品卖出去，才能产生业绩，业绩才是企业发展的硬道理。

二、企业商学院组织架构规划

企业商学院组织架构可参考下图（企业商学院可以采用多种方式设计架构，但根据企业的实际情况而定才是重点，相当于中国发展有中国式的国情，不能照搬国外那一套，但可以借鉴，整合融合，做到最好，最合适就是最好）。

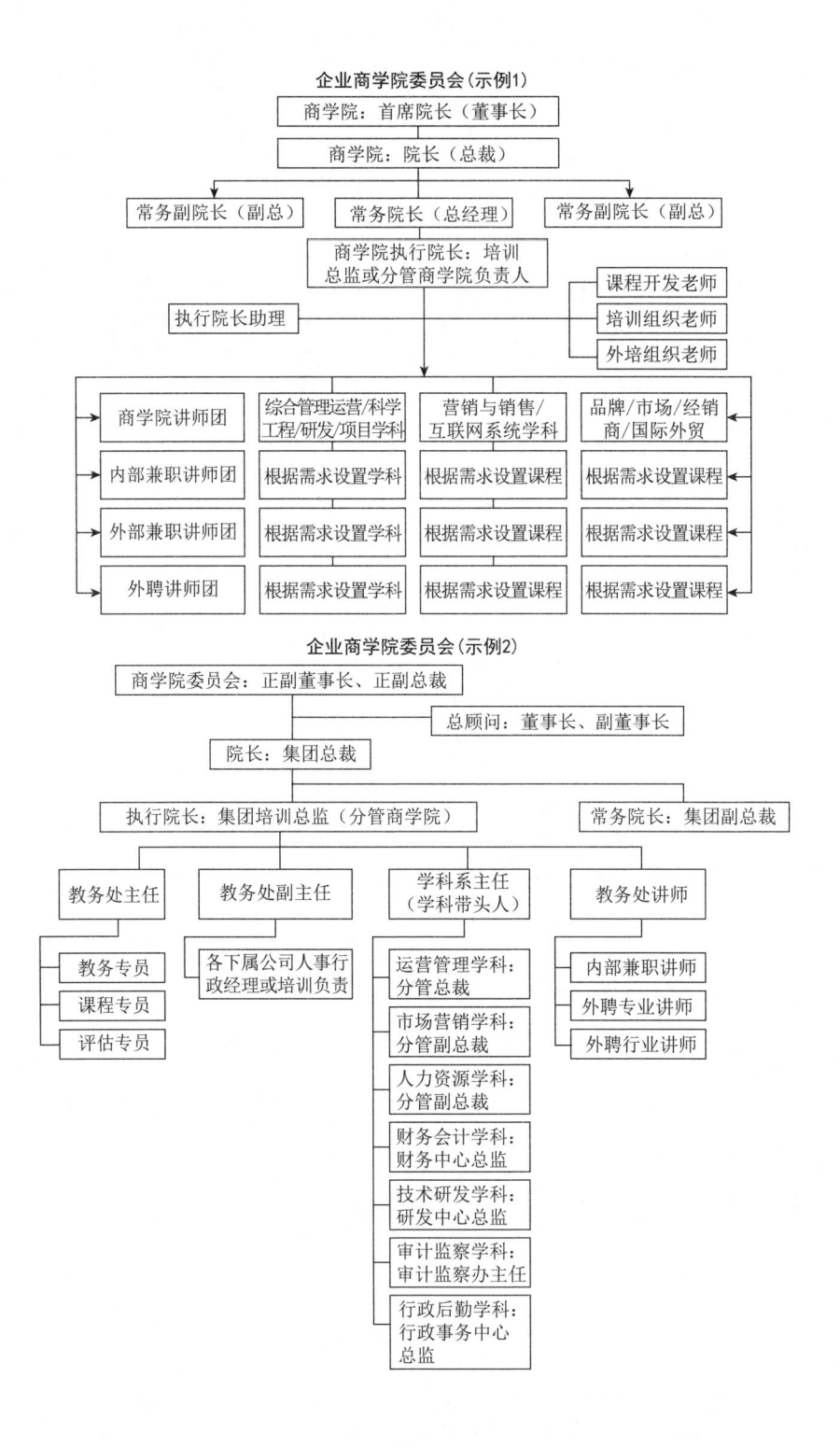

企业商学院：让你的企业价值万亿

企业商学院委员会（示例1）

```
                    商学院：首席院长（董事长）
                              │
                    商学院：院长（总裁）
          ┌───────────────────┼───────────────────┐
   常务副院长（副总）    常务院长（总经理）    常务副院长（副总）
                              │
                    商学院执行院长：培训
                    总监或分管商学院负责人 ──┬── 课程开发老师
                              │              ├── 培训组织老师
                    执行院长助理              └── 外培组织老师
```

商学院讲师团	综合管理运营/科学工程/研发/项目学科	营销与销售/互联网系统学科	品牌/市场/经销商/国际外贸
内部兼职讲师团	根据需求设置学科	根据需求设置课程	根据需求设置课程
外部兼职讲师团	根据需求设置学科	根据需求设置课程	根据需求设置课程
外聘讲师团	根据需求设置学科	根据需求设置课程	根据需求设置课程

企业商学院委员会（示例2）

```
    商学院委员会：正副董事长、正副总裁
                    │
                    ├────── 总顾问：董事长、副董事长
                    │
            院长：集团总裁
                    │
    ┌───────────────┴───────────────┐
执行院长：集团培训总监（分管商学院）   常务院长：集团副总裁
```

教务处主任	教务处副主任	学科系主任（学科带头人）	教务处讲师
教务专员	各下属公司人事行政经理或培训负责	运营管理学科：分管总裁	内部兼职讲师
课程专员		市场营销学科：分管副总裁	外聘专业讲师
评估专员		人力资源学科：分管副总裁	外聘行业讲师
		财务会计学科：财务中心总监	
		技术研发学科：研发中心总监	
		审计监察学科：审计监察办主任	
		行政后勤学科：行政事务中心总监	

第二章　企业商学院的院徽设计、组织架构及相关职责

华为大学组织结构

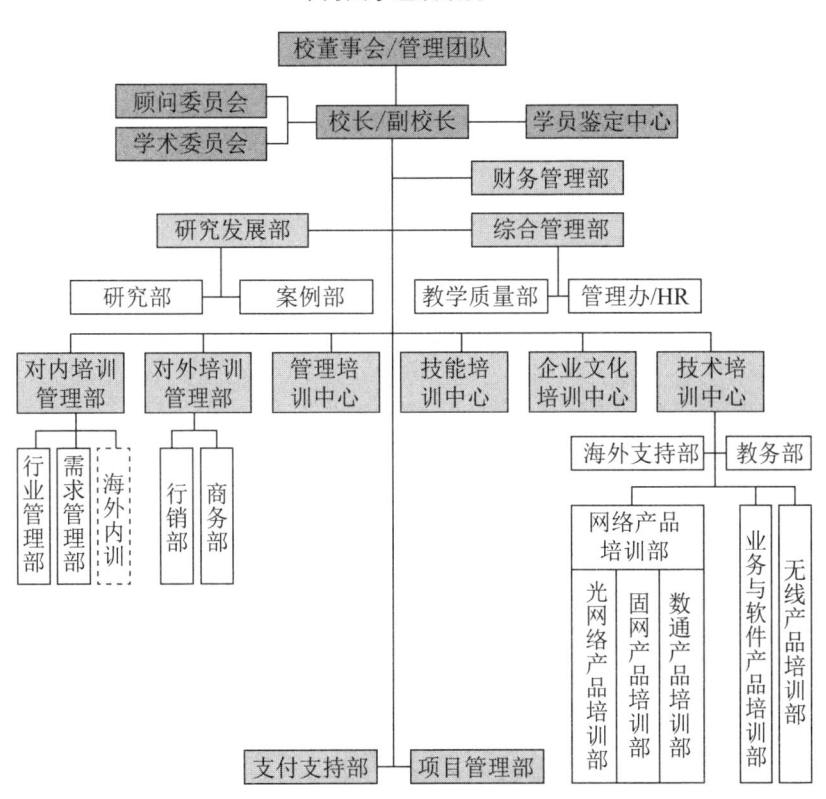

```
                    校董事会/管理团队
                           │
        顾问委员会          │
        ─────────── 校长/副校长 ──── 学员鉴定中心
        学术委员会          │
                           ├──────── 财务管理部
                           │
              研究发展部 ───┼─── 综合管理部
                 │         │         │
         ┌───────┴──┐      │    ┌────┴────┐
       研究部    案例部  教学质量部  管理办/HR
                           │
   ┌──────┬──────┬─────────┼─────────┬──────────┐
 对内培训 对外培训 管理培训  技能培训  企业文化   技术培训
 管理部   管理部  中心      中心      培训中心   中心
  │        │                                   │
 ┌┴┬──┐   ┌┴┐                             ┌────┴────┐
行 需 海   行 商                          海外支持部  教务部
业 求 外   销 务                               │
管 管 内   部 部                          网络产品培训部
理 理 训                                   │   │   │
部 部                                     光  固  数
                                          网  网  通
                                          络  产  产
                                          产  品  品
                                          品  培  培
                                          培  训  训
                                          训  部  部
                                          部
                              业务与软件产品培训部
                              无线产品培训部
                           
            支付支持部   项目管理部
```

TCL大学组织架构

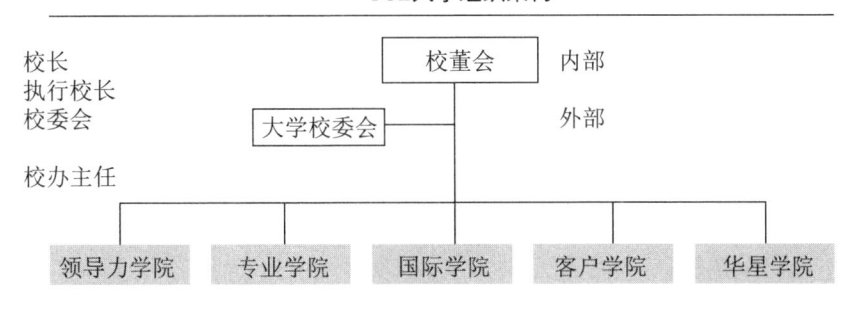

```
校长                         校董事会           内部
执行校长                        │
校委会                      大学校委会          外部

校办主任
    │
 ┌──────┬────────┬────────┬────────┐
领导力   专业学院  国际学院  客户学院  华星学院
学院


 教务支持中心        教学研究中心         移动学习中心
    │                  │                    │
 ┌──┴──┐          ┌────┴────┐           ┌───┴───┐
学习体验 教学服务  课程开发  讲师培养&    E学习   平台运营
                          师资管理
```

25

方太大学组织结构

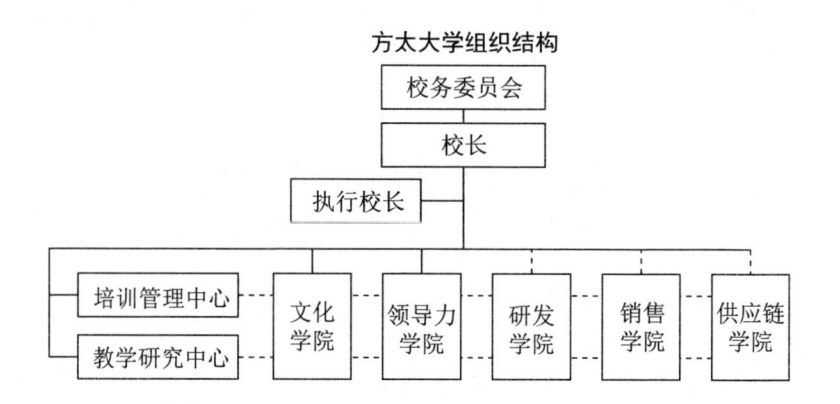

```
                    校务委员会
                        |
                       校长
                        |
                     执行校长
                        |
   ┌──────┬──────┬──────┼──────┬──────┐
培训管理中心  文化   领导力   研发   销售   供应链
教学研究中心  学院   学院    学院   学院    学院
```

三、企业商学院各级岗位职责

企业商学院学习委员会，由企业高中层及员工代表组成，是学习文化建设的一级组织，支持服务企业发展。开办企业商学院之前先由专业人员组织企业中高层管理人员成立企业商学院学习委员会组织，定期组织召开相关会议，讨论确定商学院运营组织架构，展开学院教务团队人员的招聘与调整、训练、定岗定位，编著商学院运营实操手册，从而全面开展商学院建设运营的各项工作。

1. 商学院总顾问工作职责

把握商学院总的教学管理指导思想、方针、政策，对企业商学院战略规划提出指导性建议，监督企业商学院正常运作与各项教学活动正常展开；

确定企业商学院重大决策与战略规划；

定期组织召开企业商学院学院委员会工作，听取院长与执行院长对学院的工作汇报；

兼职企业商学院首席讲师一职，并负责到企业商学院授课；

参与商学院与外部重大教学活动、校企联合办学活动及合同的签署。

2. 企业商学院院长工作职责

负责企业商学院教学运营整体规划管理和指导；

参与企业商学院重大决策与战略规划，并对重大决策与战略规划的实施情况进行监督；

参加企业商学院院务工作分析、管理、运营等会议，并对重点工作予以指导；

参加由商学院组织的重要活动与研讨会及相关培训会；

指导商学院执行院长的各项工作，商学院教学工作、讲师管理工作、课程开发设计工作、培训组织管理工作、学院建设工作等；

企业商学院委员会安排的其他工作。

3. 企业商学院执行院长工作职责

参与企业商学院重大决策与战略规划，并负责组织实施，编著商学院运营管理系统；

负责商学院日常学院管理和教学课程研发、讲师团队培养、培训组织、管理项目运营、人才开发、商学院建设等工作；

负责对企业商学院各级管理人员及讲师培养并提出任免提议；

负责对企业商学院各级管理人员及讲师进行考核，并提出晋升、降职或奖惩建议；

定期组织商学院院务工作分析会议，完善商学院各项教学工作；

负责企业商学院重大教学项目的洽谈、引进、签署；

对接人力资源管理体系，协助企业人力资源与人力资本的开发设计操作，负责相关学科的教学工作；

企业商学院委员会安排的其他工作。

4. 企业商学院副院长工作职责

参与企业商学院重大决策与战略规划；

参加商学院院务工作分析会议，并提出合理建议；

兼任市场营销学科系主任，负责相关学科的教学工作；

企业商学院委员会安排的其他工作或其他临时性工作。

5. 企业商学院教务处主任工作职责

协助企业商学院执行院长完成各项教学教务工作；

负责企业商学院各项日常教学教务工作与活动的开展，并负责向执行院长汇报工作；

定期组织商学院讲师团队会议、研讨活动与日常教务工作会议（参加人：教务处主任、副主任，各教务专员列席会议）；

组织商学院教务团队开发商学院所需课程及材料；

定期（每周）做企业商学院各项工作总结与汇报；

负责对教务处专职员工进行考核，依照商学院相关制度，组织对教务处副主任、学科系主任及内部兼职讲师在商学院的兼职工作进行客观评价，评价结果将作为商学院管理层人事决策的重要参考依据；

参加商学院各项教务活动与研讨会，适时到分、子公司或外部企业商学院开展教学调研活动；

负责外聘讲师与课程项目的洽谈与引进，并及时报执行副院长签署相关申请与合同；

负责商学院教材资料、工具、教学设备、图书室、培训教室等管理工作；依据集团采购相关制度，负责商学院各项教材、工具、教学设备、图书、培训器械等申购工作；

定期（每月）负责企业商学院讲师费用申报、发放工作；

定期（每月）到企业商学院授课不低于两课时；

商学院执行院长交办的其他工作。

6. 企业商学院教务处副主任工作职责

协助教务处主任开展商学院各项教务工作；

参加由教务处主任组织的周教务工作会议，并做周教务工作总结汇报；

积极参加由企业商学院教务处组织的相关教务研讨会与教务活动；

及时传达企业商学院相关教务活动与教学课程、制度、管理规定给下属公司全体职员工知悉；

负责所在公司的培训院筹建工作；

积极配合商学院教务处主任的各项工作。

7. 企业商学院学科带头人工作职责

学科带头人负责制作本学科课程规划大纲，并负责组织本学科专业课程的开发和设计，组织课程研讨和试讲；

积极配合企业商学院教务处各项工作的开展；

积极带头传播企业商学院的办学理念，价值观；

积极带头参加学院组织的各项教学活动、研讨会、会议等；

每月提交一份本学科教学开展情况汇报给商学院院长与执行副院长；

每年负责组织开发本学科领域的课程不少于两门，每年培养本学科领域的内部兼职讲师不少于两名，每年到企业商学院授课不少于12课时。

8. 企业商学院教务处助教教务专员工作职责

积极协助企业商学院教务处主任开展各项教务工作；

直接向企业商学院教务处主任汇报工作；

负责发放各类培训、学院研讨会议、教务活动通知和简报，负责商学院的新闻信息传播；

负责各项培训、学院研讨会议、教务活动的组织、召集、联络沟通、现场主持等；

负责培训、学院研讨会议、教务活动等所用教具的管控与保养工作；

积极参加商学院教务处主任组织的各项教务活动、会议、培训项目；

协助办理商学院内部的报刊杂志工作；

每周做好工作小总结与汇报，每月做好月度大总结报告工作；

积极协助训后跟踪考核评估专员管理学员学分卡与学员学籍档案工作；

商学院教务处主任安排的其他工作。

9. 企业商学院教务处课程管理专员工作职责

积极协助商学院教务处主任开展各项教务工作；

直接向商学院教务处主任汇报工作；

负责商学院教学课程库的建设、维护、整理、归类、收集课程等工作；

负责商学院各类教学教材、资料、制度、文件、课程的收集、整理以及课程编码等工作；

根据商学院讲师管理规定，定期组织各讲师课程开发、课程征集、课程试讲、研讨等工作；

协助办理商学院内部的报刊杂志工作；

每周做好工作小总结与汇报，每月做好月度大总结报告工作；

积极协助训后跟踪考核评估专员管理学员学分卡与学员学籍档案工作；

商学院教务处主任安排的其他工作。

10. 企业商学院教务处训后评估考核专员工作职责

积极协助商学院教务处主任开展各项教务工作；

直接向商学院教务处主任汇报工作；

负责商学院学员学习学分卡与学员学籍档案的管理、整理、维护、建档工作；

负责商学院各类教学、培训、研讨会等训后考核跟踪检查、统计、分析、汇总并公示于集团公司；

根据商学院讲师管理规定，定期检查各讲师课程开发与下属公司训后学习转化成学习型小组工作开展情况；

收集各项培训签到表、训后效果评估表，负责立项项目改善情况跟踪检查工作；

同协助办理商学院内部的报刊杂志工作；

每周做好工作小总结与汇报，每月做好月度大总结报告工作；

商学院教务处主任安排的其他工作。

四、企业商学院组织架构设计定位

企业商学院一般根据办学规模来定位商学院组织结构及商学院专业人员定岗定编定责定职定标。

一般企业商学院不可少的主要重点岗位（5人必须专职胜任）人员定位为：执行院长1名、院长助理1名、培训组织人员1名、课程管理人员1名、训后跟进落地服务人员1名。讲师团队根据企业人才情况而定，一般院长会兼职主讲老师，院工作人员也兼职专业讲师。另外，根据商学院发展规划来定其学科代表、培训班主任，名誉院长、院长、常务院长、副院长等由企业董事长、总裁、总经理、副总裁、HR负责人等兼任，这样有利于企业商学院规范化发展。企业基中高层兼职讲师团队、外聘讲师团队等。

企业商学院也是企业发展的业务组织单位，其所创造的无形资产与利润是不置可否的，是巨大的，是企业实施战略发展目标的人才与管理支持，是为企业持续发展保驾护航的核武器。

五、企业商学院运营实操导引

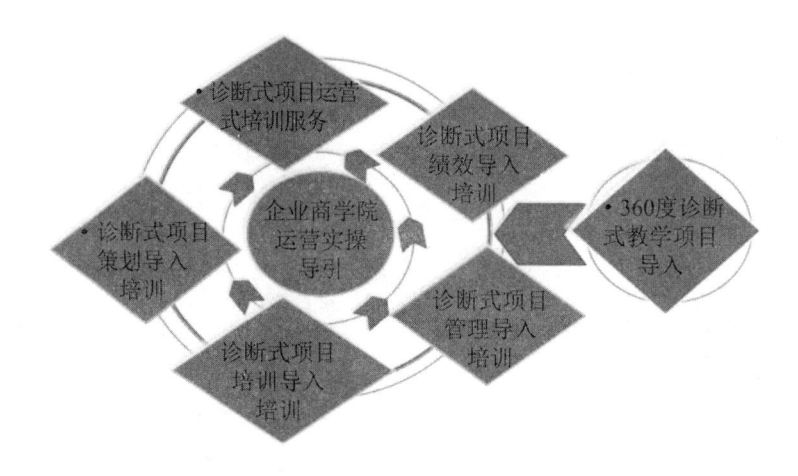

企业商学院在接到企业培训、咨询、训练任务后，第一时间先立项，成立由商学院相关讲师与企业相关部门负责人组成的临时项目组，进行360度全面诊断式教学导入，进而开展工作，这样效果显著。

诊断式项目管理导入培训：成立项目培训组后制订项目执行推进表，定出项目步骤与标准及完成时间，通过会议、头脑风暴、沙盘演练等进行第一阶段工作的展开。

诊断式项目培训导入培训：项目执行推进表制订好后，经过项目组反复讨论、研究、分析，最终定出可行性方案，着手进行资料收集、数据整理、信息收集，设计培训主题，准备课程开发。

诊断式项目策划导入培训：课程开发过程中通过所获取的素材、资料、信息、标准、效果等进行实操策划演练，直到效果显著。

诊断式项目运营式培训服务：课程开发好后，经过反复演练，达到预期效果，准备与开始实战培训，与公司相关业务部门组织开展培训实训，开展实战培训的前中后学员组织、培训评估、培训落地跟踪等工作。

诊断式项目绩效导入培训：培训后结果导向服务跟踪，进行阶段性培训成果转化性总结、研究、谈讨、分析处理，制订PDCA培训绩效改善管理措施。

第三章

企业商学院培训与训练流程规划

一、企业商学院培训与训练流程

培训与训练流程是保证商学院各类培训项目顺利推进的重要制度保障，完整的培训与训练流程如下：

（1）培训需求分析是落地培训效果显著的关键；

（2）培训计划制订是培训能务实执行操作不可少的一点；

（3）培训组织实施是培训实操应用的关键点，培训组织是成功培训的开始；

（4）培训评估反馈是检验培训效果的重要节点，有助于将培训落到实处。

培训需求分析	①商学院教务处对申请培训部门的培训需求进行调研 商学院教务处与申请培训部门负责人初步接触，了解部门或分、子公司面临的问题与培训需求 ②商学院教务处对培训需求进行分析、诊断、研究，最终立项 根据培训项目类型，商学院教务处通过电话沟通、问卷调查、访谈、调研、座谈会等形式进一步了解、分析培训需求，报学院领导批准立项
培训计划制订	③商学院教务处撰写项目建议书 根据需求编写培训项目建议书初案，包括项目背景、培训目标、课程设计、教学安排、备选师资、训后活动开展及训后落地指导等 ④商学院教务处对培训项目建议书修正 根据与负责人沟通实际情况，对内训项目建议书初案进行修正，必要时进行内部管理诊断，进一步明确培训目标、方向、任务 ⑤商学院教务处与培训部门签署培训协议 在内训形式、课程、价格等确认后，正式签署内训协议书进行项目立项（由企业商学院与培训部门签订较正式的培训协议书） ⑥商学院教务处制订教学计划 编制内训教学计划，确立课程时间规划，导入行动学习法，针对部门的实际问题和对培训效果的要求，匹配师资，拟定提纲，编写讲义、案例和练习题
培训组织实施	⑦商学院教务处培训现场实施 主讲师资到商学院实施培训，由学院教务处提供完善的教务培训服务，安排课程研讨及班级活动等
培训评估反馈	⑧商学院教务处培训效果评估 内训结束后当天，参训学员填写内训课程反馈表，对整体效果做出评价，并访谈内训主管部门，获取内训反馈意见并进行分析、汇总上报 ⑨商学院教务处培训追踪与反馈 内训结束15天内，回访部门受训人员，运用行动学习法，获取学习体会、培训心得及培训应用情况；收集整理部门对内训的评价、体会，总结培训经验和意见，并反馈至部门负责人与商学院各院长

二、企业商学院培训与训练核心

能否成功实现每一次培训及培训效果价值的转换，取决于讲师的培训周详准备工作，培训方能及时转换成生产力价值！

（人）参与学员（参与学习的各类人员定位）
（机）学习的方法与激励工具模式
（料）学习资料与学习内容、案例、方案
（法）培训的方法/流程/表单/学习路径图
（环）组织的学习环境、包括硬件及软件

能否成功实现每一次培训及培训效果价值的转换，取决于讲师的培训周详准备工作，培训方能及时转换成生产力价值！

（1）人：是指参与学习的学员，对他们进行全面的了解、分析，将对培训的顺利开展起到积极作用；

（2）机：是指在培训中所使用的学习方法、激励措施等；

（3）料：是指培训时所用的学习资料、教材、案例、方案等；

（4）法：是指培训的教学方法、流程、表单、学习路径图等；

（5）环：是指培训时所处的教学环境，如培训场所、环境、教学软硬件设施等。

三、企业商学院人才培训系统导图

企业商学院人才培训系统，以职务胜任素质模型为标准，以员工能力需求为中心，以岗位职责分析为核心，企业商学院根据各岗位的素质胜任力为导向，展开企业商学院的教育与培训工作，对不同岗位员工进行差异性能力评估，找出员工差异化能力需求提升问题点，进行归纳总结提炼整合立项，形成培训需求，并制订培训规划：学员培训计划、课程培训计划和讲师准备计划。

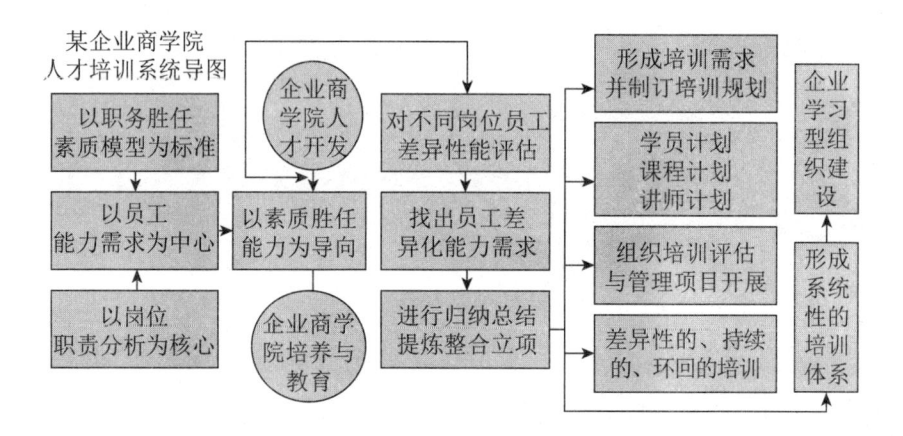

某企业商学院人才培训系统导图

- 以职务胜任素质模型为标准
- 以员工能力需求为中心
- 以岗位职责分析为核心
- 企业商学院人才开发
- 以素质胜任能力为导向
- 企业商学院培养与教育
- 对不同岗位员工差异性能评估
- 找出员工差异化能力需求
- 进行归纳总结提炼整合立项
- 形成培训需求并制订培训规划
- 学员计划 课程计划 讲师计划
- 组织培训评估与管理项目开展
- 差异性的、持续的、环回的培训
- 企业学习型组织建设
- 形成系统性的培训体系

企业商学院教务处组织培训评估与管理项目开展，进行差异性的、持续的、环回的培训，并形成系统性的培训体系，从而形成学习型组织建设系统。

这一环节是企业商学院建设的核心指导思想，企业内部人才胜任力分析系统是关键点，不但要建立人才胜任力系统，而且还要建设人才胜任力绩效转换系统，分析、找准、梳理、聚焦、定位好人才的差异性，补齐短板，培训才能起到积极的作用。

四、企业商学院人才胜任力系统

（1）设计岗位胜任能力标准：企业商学院与HR部门共同设计规划好企业每一个部门的岗位胜任力标准，进行量化管理，为该职位胜任能力及绩效的提升打下坚实的基础。

（2）收集整理岗位数据信息资源：让每一节点任职能力都具有科学依据，接地气，落实处，对后续人才成长发展起关键作用。

(3）明确目标岗位绩效指标标准：更好地量化岗位能力素质基数，为岗位绩效提供科学依据，为公司业绩提升，同时为企业商学院开展各项教育培训提供了精准的信息，也为企业发展打下坚实的基础。

（4）明确岗位胜任素质关键模型体系建设：企业商学院与企业HR部门共同编著集团企业各岗位胜任能力素质模型体系，为人才开发、孵化、训练、提升业绩起到决定性作用，同时也让人才在本职岗位快速进入工作价值状态，积极发挥作用。

（5）定位本职位专业能力体系：定位岗位职责专业能力是确保人才精准发挥工作能力绩效的科学依据，合适的人做合适的事，人尽其才，才尽其用，对岗位专业能力定位不准确，导致人才不能发挥专业，最终导致人才无绩效，或离职不能胜任，影响企业发展与人才稳定。

（6）岗位工作路径图模型：企业在定岗定编人才后，对岗位工作必须要设计工作路径图，上下左右前后工作半径关系，标准指引，沟通关系，责任关系，业绩关系，任务关系，成长上升关系等，都要明确制订出来，否则人才很难在短时期投入或进入真正的工作状态，要么浪费时间，要么产生离职或人才不稳定等问题的出现。

（7）岗位学习路径图：人才进入岗位后，不但要全力以赴发挥专长与特长为企业发展与业绩增长服务，同时要让人才稳定，必须让人才保鲜保值增成长，所以建立岗位学习路径图是关键，岗位胜任必需学习哪些专业知识，学习的时间阶段性，用什么方式去学习，学习的标准是什么？等等，企业商学院与企业HR部门都要联合进行开发、设计、规划。

（8）企业商学院胜任力岗位KPO：Key Post Operation，关键岗位操作管理系统（人才胜任力标准系统）是胜任力岗位操作标准化管理的一项新技术系统，它以岗位操作为核心标准，把岗位操作文化统一、岗位操作界定规范化、岗位操作标准流程化、岗位操作方法精细化、岗位操作工具量化和岗位操作专业化等考核整合为一个统一的整体体系，从根本上解决了企业的人才能力提升问题，达到标本兼治的目的和人才开发孵化的目的。

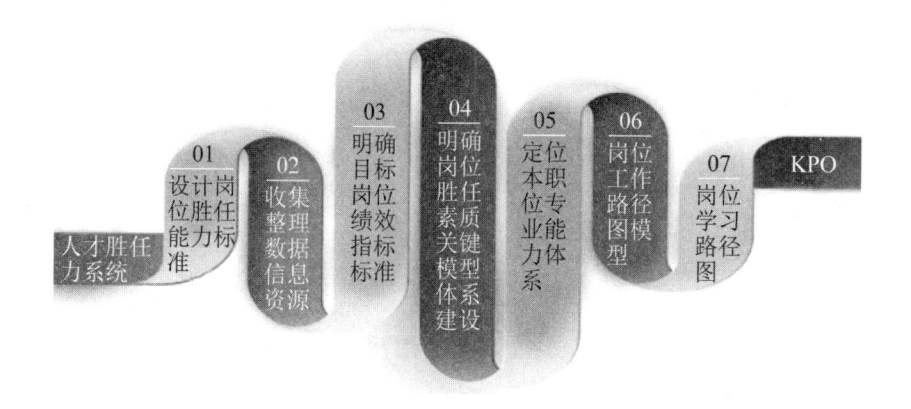

人才胜任力系统
01 设计岗位胜任能力标准
02 收集整理数据信息资源
03 明确目标岗位绩效指标标准
04 明确岗位胜任素质关键模型体系建设
05 定位本职专业能力体系
06 岗位工作路径图模型
07 岗位学习路径图
KPO

第四章

企业商学院学科设计与课程开发

一、企业商学院学科设计与课程开发理念

根据各企业实际发展需要设计商学院学科与课程，按照"合理定位、突出特色、教研结合、开放共享、人才发展、人才需要、绩效目标、工作岗位、胜任能力、学习路径图等"的思路，改变传统的以课程为中心设置教学的做法，构建结构科学、布局合理、资源共享的基础、中级、高级的专业教学平台与科研技术型平台组成的三级课程培训教学平台，培养忠诚于企业集团的专业化的精英型人才。

企业商学院进行课程开发时，在企业HR编定的岗位胜任力绩效指标中，依据岗位胜任能力指数来开发课程，依据编定岗位职责来开发设计课程，依据编定工作流程来开发设计课程，依据编定工作标准来开发设计课程，依据编定评价方法来开发设计课程，依据编定学习路径图来开发设计课程，依据编定激励措施来开发设计课程。

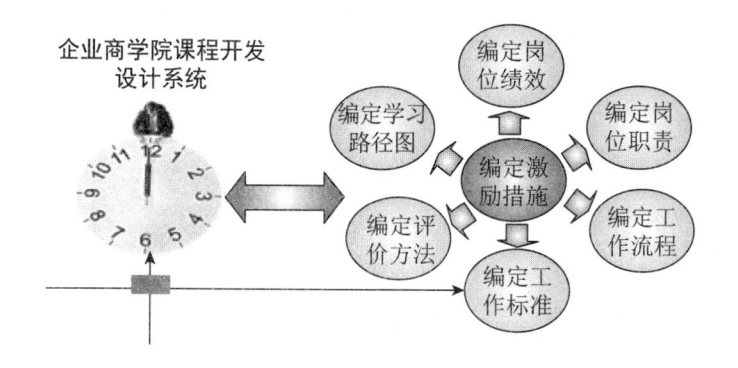

第四章 企业商学院学科设计与课程开发

企业商学院学科设计与课程开发应从4个层面上进行：盈利，即从企业财务层面进行考量；客户，即从企业客户的价值层面进行考量；管理，即从企业内部层面进行考量；学习，即从企业学习与人才的培养方面考量。

企业商学院学科设计与课程开发定位战略地图

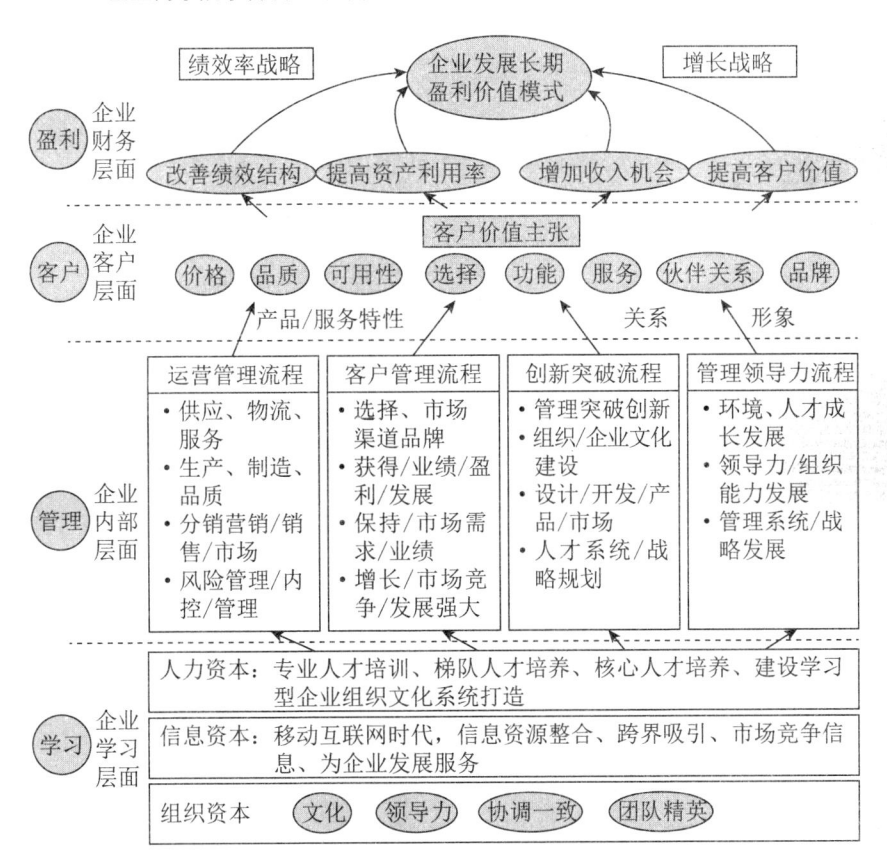

盈利 企业财务层面

绩效率战略 —— 企业发展长期盈利价值模式 —— 增长战略

改善绩效结构、提高资产利用率、增加收入机会、提高客户价值

客户 企业客户层面

客户价值主张

价格、品质、可用性、选择、功能、服务、伙伴关系、品牌

产品/服务特性　　关系　　形象

管理 企业内部层面

运营管理流程	客户管理流程	创新突破流程	管理领导力流程
·供应、物流、服务 ·生产、制造、品质 ·分销营销/销售/市场 ·风险管理/内控/管理	·选择、市场渠道品牌 ·获得/业绩/盈利/发展 ·保持/市场需求/业绩 ·增长/市场竞争/发展强大	·管理突破创新 ·组织/企业文化建设 ·设计/开发/产品/市场 ·人才系统/战略规划	·环境、人才成长发展 ·领导力/组织能力发展 ·管理系统/战略发展

学习 企业学习层面

人力资本：专业人才培训、梯队人才培养、核心人才培养、建设学习型企业组织文化系统打造

信息资本：移动互联网时代，信息资源整合、跨界吸引、市场竞争信息、为企业发展服务

组织资本　文化　领导力　协调一致　团队精英

43

企业商学院：让你的企业价值万亿

二、企业商学院学科设置规划

企业商学院的学科应根据企业实际需要来设计，也可以参考其他企业商学院的学科设置进行设计。

企业商学院
学科设置组织实施课程开发项目

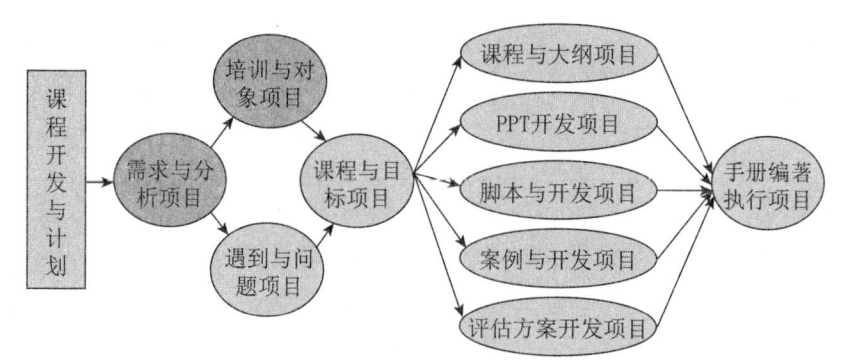

课程开发与计划 → 需求与分析项目 → 培训与对象项目 / 遇到与问题项目 → 课程与目标项目 → 课程与大纲项目 / PPT开发项目 / 脚本与开发项目 / 案例与开发项目 / 评估方案开发项目 → 手册编著执行项目

1. 企业商学院企业经营管理学科

课系包含企业经营管理、领导力、管理创新、团队管理与建设、执行力、责任力、绩效管理、项目管理运营、产品研发、生产制造管理、工匠精神精细化、物流、供应链、采购、品质、设备管理、8S管理、基中高管理技能、精细化管理等专业与通用课程。

企业商学院"企业经营管理学科"设计示例

教学项目	课程主题	教学方式	课程时间	主讲讲师	上课教室	学分	课程助教
管理类	中层领导力	教练法	3月10日	杜涛	B03	5分	王林
生产类	精益生产	讲解法	3月21日	刘军	A01	5分	刘胜
采购类	精准采购	沙盘演练法	3月29日	王强	B02	5分	张林
领导类	核心领导力	教练法	4月07日	杜涛	A02	5分	李洁

注：（后面示例的说明同此，不再赘述）

44

（1）课程助教应在培训开始前一周下发学习通知并准备教学资料；

（2）由企业商学院教务处，根据企业内外培训实际需求排出月度、季度、年度培训课程表，发企业各部门或集团公司各分公司等，安排培训参与计划；

（3）学科包含的课系可根据企业培训需要而设定。

2. 企业商学院人力资源管理学科

课系包含人力资源战略规划、人力资源招聘与配置、人力资源培训与教育、人力资源薪酬设计与管理、人力资源绩效设计与考核、人力资源劳资关系与职业生涯规划等。

企业商学院"人力资源管理学科"设计示例

教学项目	课程主题	教学方式	课程时间	主讲讲师	上课教室	学分	课程助教
HR资源	高效招聘	案例法	4月9日	刘军	A01	5分	陈林
HR资源	HR规划	沙盘法	4月14日	周强	B03	4分	陈林
HR资源	薪资设计	讲授法	4月25日	王胜	A02	4分	陈林
HR资源	劳资关系	分析法	5月13日	李强	BO1	4分	陈林

3. 企业商学院市场营销学科

课系包含市场营销系列，销售系列，渠道建设与管理系列，终端建设与管理系列，品牌建设与品牌管理系列，零售系列，销售主管、经理、总监管理系列，店长导购督导系列，代理商、经销商、加盟商系列，直营店经营管理系列，电子商务系列，直销系列等。

企业商学院"市场营销学科"设计示例

教学项目	课程主题	教学方式	课程时间	主讲讲师	上课教室	学分	课程助教
营销类	卓越经销商培训	案例法	5月9日	杜涛	A01	5分	刘林
营销类	互联网营销培训	沙盘法	5月14日	周林	B03	5分	刘林
营销类	王牌营销总监培训	沙盘法	5月25日	杜涛	A02	5分	刘林
营销类	销售冠军成交智慧	教练法	5月31日	杜涛	BO1	5分	刘林
营销类	招商成交智慧	教练法	6月08日	杜涛	A02	5分	刘林

4. 企业商学院移动互联网学科（根据企业情况而设置课程，不可照搬其他企业商学院课程规划）

课系包含全网渠道营销、网络营销、O2O营销、微信营销、直销营销、微商营销、销售冠军成交营销等。

企业商学院"移动互联网学科"设计示例

教学项目	课程主题	教学方式	课程时间	主讲讲师	上课教室	学分	课程助教
互联网类	网络营销	案例法	6月9日	李军	A01	5分	李林
互联网类	O2O营销	沙盘法	6月14日	周林	B03	5分	李林
互联网类	微信营销	沙盘法	6月25日	高东	A02	5分	李林
互联网类	直销营销	教练法	6月31日	周强	BO1	5分	李林

5. 企业商学院财务会计学科

课系包含财务管理系列、会计管控系列、成本管理系列、财务预算管理系列、税务管理系列等。

企业商学院"财务会计学科"设计示例

教学项目	课程主题	教学方式	课程时间	主讲讲师	上课教室	学分	课程助教
财务类	高效成本控制培训	案例法	7月12日	赵汉	A01	4分	李林
财务类	盈利模式培训	沙盘法	7月18日	张林	B03	4分	李林
财务类	财务控制培训	沙盘法	7月20日	刘东	A02	4分	李林
财务类	资本运营培训	教练法	7月28日	魏强	BO1	4分	李林

6. 企业商学院产品研发学科

课系包含产品设计系列、色彩搭配系列、材料开发系列、产品陈列系列、人体工程与美学系列、产品知识系列等。

企业商学院"产品研发学科"设计示例

教学项目	课程主题	教学方式	课程时间	主讲讲师	上课教室	学分	课程助教
产品研发类	如何高效设计产品	案例法	8月12日	李军	A01	4分	李林
产品研发类	优秀产品设计原理	沙盘法	8月18日	周林	B03	4分	李林
产品研发类	色系搭配培训	沙盘法	8月20日	高东	A02	4分	李林
产品研发类	如何进行材料开发	教练法	8月28日	周强	BO1	4分	李林

企业商学院：让你的企业价值万亿

7. 企业商学院审计监察学科

课系包含审计控制系列、监察系列、财务管理系列等。

企业商学院"审计监察学科"设计示例

教学项目	课程主题	教学方式	课程时间	主讲讲师	上课教室	学分	课程助教
审计类	审计原理培训	案例法	9月12日	李军	A01	4分	李林
审计类	监察模式培训	沙盘法	9月18日	周林	B03	4分	李林
审计类	资产风险管理培训	沙盘法	9月20日	高东	A02	4分	李林
审计类	企业如何规避风险	教练法	9月28日	周强	BO1	4分	李林

8. 企业商学院行政事务学科

课系包含行政管理系列、安保系列、后勤事务管理系列等。

企业商学院"行政事务学科"设计示例

教学项目	课程主题	教学方式	课程时间	主讲讲师	上课教室	学分	课程助教
行政类	高效行政管理	案例法	10月12日	李军	A01	4分	李林
行政类	行政后勤管理	沙盘法	10月18日	周林	B03	4分	李林
行政类	行政事务管理	沙盘法	10月20日	高东	A02	4分	李林
行政类	行政服务管理	教练法	10月28日	周强	BO1	4分	李林

9. 企业商学院电商系统学科

课系包含电商系统、全网营销系列、电子商务操盘系列等。

企业商学院"电商系统学科"设计示例

教学项目	课程主题	教学方式	课程时间	主讲讲师	上课教室	学分	课程助教
电商类	全网营销培训	案例法	11月12日	李军	A01	4分	李林

续表

教学项目	课程主题	教学方式	课程时间	主讲讲师	上课教室	学分	课程助教
电商类	电子商务培训	沙盘法	11月18日	周林	B03	4分	李林
电商类	电商操盘手培训	沙盘法	11月20日	高东	A02	4分	李林
电商类	电商总裁营销培训	教练法	11月28日	周强	BO1	4分	李林

10. 企业商学院跨界行业学科

课系包括跨界商业模式系列、跨界盈利模式系列、跨界定位模式系列等。

企业商学院"跨界行业学科"设计示例

教学项目	课程主题	教学方式	课程时间	主讲讲师	上课教室	学分	课程助教
跨界类	跨界行业定位	案例法	12月12日	李军	A01	4分	李林
跨界类	跨界行业商业模式	沙盘法	12月18日	周林	B03	4分	李林
跨界类	跨界行业盈利模式	沙盘法	12月20日	高东	A02	4分	李林
跨界类	跨界行业整合资源	教练法	12月28日	周强	BO1	4分	李林

三、企业商学院课程设置

从课程的适用范围可以分为：通用课程和专业课程。通用课程是企业商学院设置的一般性课程，不分年龄、学历、职位、岗位等，任何人都可以参加培训学习，如："团队建设与团队管理""执行力""责任胜于能力"等都为通用课程；专业课程是指因职位、工作、岗位不同而设计的课程，如：产品开发设计类课程、设计理念与风格培训课程，这类课程就是专业性较强的课程，如你不是从事这个岗位或职位的人员，是很难学好、学进、学通、学懂的。

企业商学院：让你的企业价值万亿

　　根据受训对象的职层设置课程：基层就是职员、组长、主管级的职员工，中层是主管级以上包括主任、副经理、经理级职员工，高层就是经理级以上，包括副总监、总监、副总经理、总经理、副总裁、总裁、副董事长、董事长等。学员在企业中处于不同的层级，所应接受的培训课程自然是不一样的。

　　从学分管理的角度可以分为：必修课程和选修课程。必修课程是在培训学习过程中根据培训目标与任务，为达到培训学习的意义、效果、绩效依据实际需求来配套设计的课程，所以学员必须要学完、修好、用好；选修课程是企业商学院根据培训学习教学大纲的课程配套与设计，供学员选择性学习的课程，也是商学院培训学习的重要组成部分。

　　从课程开发的发起人可以分为：商学院统一组织开发的课程和员工自创课程。商学院统一组织开发的课程，主要由被聘为商学院初级、中级、高级、首席等讲师主讲，他们有义务与责任，每年、季、月度将开发的新课程提交企业商学院教务处，存入商学院课程数据库，用以服务企业培训；员工自创课程是员工自愿设计课程，参与企业商学院建设，同时鼓励员工参与学习成为企业商学院的兼职讲师。

企业商学院课程设置

培训课纲设计
- 课程时间线
- 课程目的线
- 培训方案线
- 课程开发资源线

项目培训需求调查分析

课程师资与筛选
培训素材与剪裁

学院课件制作规划

课程升华提炼
- 内容时序点
- 课程空序点
- 培训导图点
- 效果对比点

呈　　炼

通过商学院牵头组织开发，着力建立起一套涵盖集团关键岗位和价值链关键环节，覆盖基中高各层员工，学科齐全且具有企业特色的课程体系。

四、企业商学院课程开发人职责

1. 企业商学院教务处主任

负责制订商学院课程目录及课程开发计划，并由商学院执行院长带领商学院教职团队认真完成月度、季度、年度培训学习教学任务与目标，为企业内部培训梯队人才、核心人才、关键人才、综合人才，服务企业在发展过程中的人才之需；

负责对集团内部讲师进行课程开发的相关培训，定点定时，一对一、一对多地进行企业商学院讲师及商学院兼职讲师进行课程开发设计方面的指导与帮扶，让讲师们快速了解、学习、掌握课程开发的技术；

安排课程开发进度，对课程开发人员进行必要的指导和帮助，分批分期进行培训、指导；

负责课程的评审、存档、运用。

2. 企业商学院教务处副主任

协助商学院对集团内部讲师，提供课程开发方面的指导和帮助；

对于课程涵盖的知识点属于本人所在分公司的，需要为这些知识点的收集、提炼、整理提供支持。

3. 企业商学院学科系主任

负责跟踪本学科的发展，制订本学科领域的课程开发规划；

与课程开发人员讨论具体课程的提纲、内容；

指导课程开发人员完成课程的开发工作。

4. 企业商学院内部讲师（即集团内部讲师）

对于自己所讲授的课程，独立完成课程开发或者在商学院教务处的协助下完成课程开发；

协助商学院教务处完成集团课程开发计划中相关课程的开发。

五、企业商学院课程开发流程实操导图

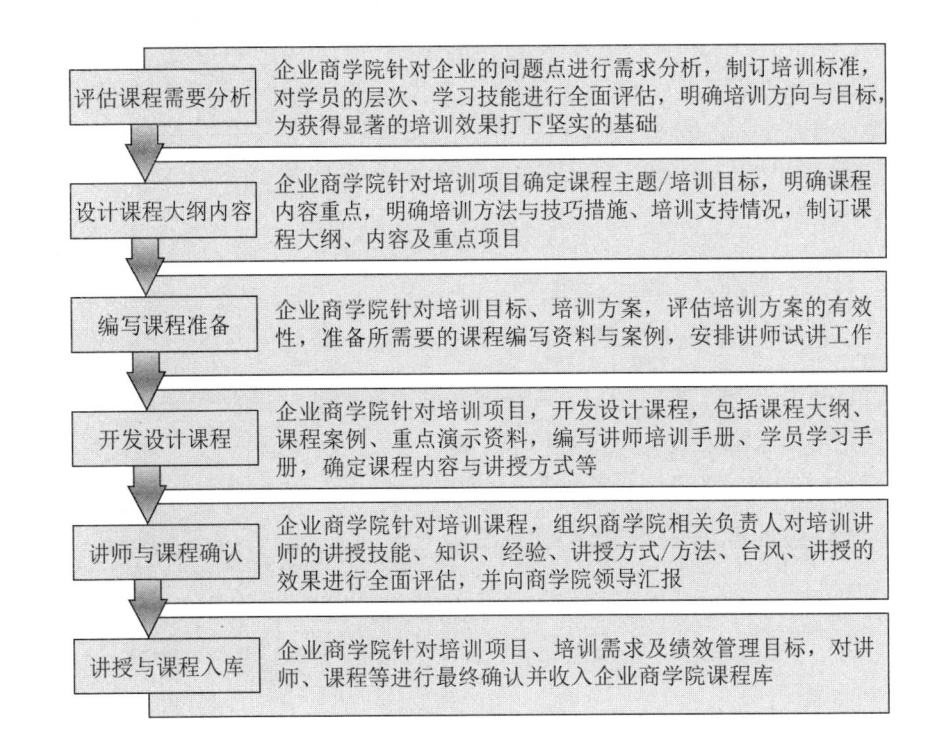

评估课程需要分析	企业商学院针对企业的问题点进行需求分析，制订培训标准，对学员的层次、学习技能进行全面评估，明确培训方向与目标，为获得显著的培训效果打下坚实的基础
设计课程大纲内容	企业商学院针对培训项目确定课程主题/培训目标，明确课程内容重点，明确培训方法与技巧措施、培训支持情况，制订课程大纲、内容及重点项目
编写课程准备	企业商学院针对培训目标、培训方案，评估培训方案的有效性，准备所需要的课程编写资料与案例，安排讲师试讲工作
开发设计课程	企业商学院针对培训项目，开发设计课程，包括课程大纲、课程案例、重点演示资料，编写讲师培训手册、学员学习手册，确定课程内容与讲授方式等
讲师与课程确认	企业商学院针对培训课程，组织商学院相关负责人对培训讲师的讲授技能、知识、经验、讲授方式/方法、台风、讲授的效果进行全面评估，并向商学院领导汇报
讲授与课程入库	企业商学院针对培训项目、培训需求及绩效管理目标，对讲师、课程等进行最终确认并收入企业商学院课程库

企业商学院课程开发流程

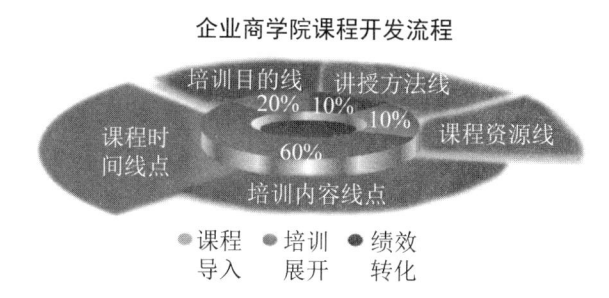

培训目的线 20%
讲授方法线 10%
课程资源线 10%
培训内容线点 60%
课程时间线点

● 课程导入 ● 培训展开 ● 绩效转化

六、企业商学院课程开发课酬标准体系

企业商学院进行课程开发付费制度的设计，是建设企业商学院成功的关键。商学院的课程是培训学习的关键工具，优秀的课程+优秀的讲师才能办好商学院，才能更好地为企业培养人才。

企业商学院课程开发课酬标准示例如下：

等级	评估标准	开发课酬标准/根据课程认证标准
一等	优	350～650元/课程PPT+案例分析+表格
二等	良	300～450元/课程PPT+案例分析+表格
三等	一般	150～250元/课程PPT+案例分析+表格
四等	普通	50～100元/课程PPT+案例分析+表格
五等	自贡献	30～50元/课程PPT+案例分析+表格

第五章

企业商学院学员学分教学管理规划系统

企业商学院：让你的企业价值万亿

企业商学院学员学分教学管理规划系统

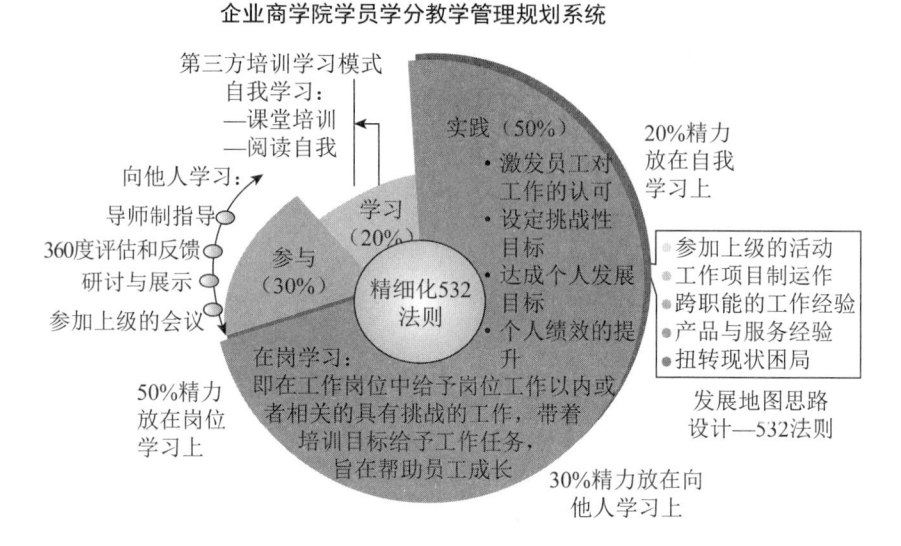

学分指企业集团员工参加培训学习并通过考核，以量化形式表现的学习成果。企业商学院是集团员工学分管理的归口单位。

一、企业商学院学员学分管理课程设置

学员学分管理课程设置分为必修课和选修课，其中必修课又分为集团通用课程和部门/分、子公司专业课程。学员学分管理课程每年发布一次，企业商学院于每年年初在集团范围内发布。

（1）集团通用课程：指为满足集团公司发展要求，由企业商学院组织开发的，要求全体员工必须参加的培训课程。

（2）集团职能部门或分子公司专业课程：指根据员工专业发展需要，由企业商学院协同集团各部门或分子公司的专家小组组织开发的，针对不同职类（如：品牌、研发、网络、采购、制造、营销、一般管理等）人员的培训课程。

（3）选修课程：是指员工根据个人发展需要自行选择参加的培训课程。

二、企业商学院培训学分标准体系

每一职等的员工都有相应的年度最低学分要求，当年完成年度最低学分要求的为学分达标。

企业商学院学分制示例如下：

职等（根据人力资源开发与胜任力确定）	必修课 集团通用课程	必修课 部门/分子公司专业课程	选修课	总学分
二职等及以上员工	0	0	12	12
三职等/四职等员工	4	8	8	20
六职等/五职等员工	4	12	4	20
七职等及以下员工	8	8	2	18

三、企业商学院培训学分的获取与应用

（1）参加内部培训：员工参加内部课程学习后并通过考核，由商学院教务处审核、登记学分。

（2）外部培训学分申请：员工参加外部培训，仅当所学课程与公司所要求课程的内容一致时方可向商学院申请学分，并提供课程培训证书或者相关证明材料，由商学院教务处负责审核、登记学分。

（3）无论内部培训还是外部培训，原则上每门课程学分不应超过4分。

（4）企业员工级别定位：二到七级，根据企业HR管理战略规划来定。

当年学分不达标的员工，不得享受下年度的调薪；学分达标情况会影响员工当年的个人绩效考核；学分达标情况还是员

工职等晋升、岗位调动等人事决策的重要参考。

四、企业商学院岗位任职资格培训课程及同等学历课程

岗位任职资格培训课程按商学院所设学科来设置，具体课程的开发、讲授由商学院各学科负责。课程设置如下（仅作参考之用）：

（1）营运管理学科：初、中、高级管理师职称证书，本科及MBA，20学分、30学分、40学分；

（2）人力资源学科：初、中、高级管理师职称证书，本科及MBA，20学分、30学分、40学分；

（3）市场营销学科：初、中、高级管理师职称证书，本科及MBA，20学分、30学分、40学分；

（4）财务会计学科：初、中、高级管理师职称证书，本科及MBA，20学分、30学分、40学分；

（5）产品研发学科：初、中、高级管理师职称证书，本科及MBA，20学分、30学分、40学分；

（6）审计监察学科：初、中、高级管理师职称证书，本科及MBA，20学分、30学分、40学分；

（7）销售零售学科：初、中、高级管理师职称证书，本科及MBA，20学分、30学分、40学分；

（8）移动互联网学科：初、中、高级管理师职称证书，本科及MBA，20学分、30学分、40学分。

完成相应课程的培训，且培训考核为合格的员工，由商学院负责统一颁发岗位任职资格证书、同等学历证书。

五、企业商学院岗位任职资格证书及同等学历证书的适用范围

原则上，属于岗位任职资格认证范围内的岗位，需要员工持证上岗。一般上，七级及以下岗位需要通过初级认证，六级/五级岗位需要通过中级认证，四级以上岗位需要通过高级认证。

对于已经在岗位任职资格培训认证岗位范围的员工，需要在对应岗位任职资格培训开展后的两年内取得对应等级证书，否则将考虑调离原岗位。

对于晋升或调动的员工，其目标岗位属于岗位任职资格培训认证岗位范围的，需要通过岗位要求的对应等级证书，方可转正。

鼓励员工根据自身职业发展规划，提前学习非本岗位任职资格课程并取得岗位任职资格证书。在晋升或内部招聘有多位候选人时，在其他条件相同的情况下，拥有目标岗位任职资格证书的员工将优先予以考虑。

学员完成同等学历课程并通过考核，由企业商学院颁发同等学历证书（本科及MBA）。在员工晋升或调岗时，目标岗位任职资格要求需要本科及以上学历的，企业商学院颁发的同等学历证书可以视同为本科或MBA学历。

企业商学院颁发的各类岗位任职资格证书和同等学历证书，仅限企业集团企业内部使用。

六、企业商学院培训效果评估

企业商学院培训效果评估内容及说明

序号	企业商学院培训评估内容	企业商学院培训效果评估说明
01	明确培训评估目标	培训评估的目标是评估工作的指引，需根据培训的目标和企业现状确定评估目标、任务
02	明确评估要求标准	在确定评估目标后要据此确定评估要求，评估要求要体现具体评估目标的总体要求和实际评估工作中的要求
03	明确培训评估层次与内容	培训评估层次和相应的内容是培训目标和要求的具体体现，因此评估之前，就应该根据评估的目标和评估的可行性确定评估的层次和内容
04	选定评估对象	在确定评估层次和内容后，要确定相应的评估对象，培训评估对象主要有：企业领导、商学院负责人、培训主管、培训专员、培训讲师、培训学员、培训机构等
05	设计评估形式	评估应如何操作，具体评估形式是什么，需要在评估之前设定相应的评估形式，通常是按照方式、按照时间和按照任务三种评估形式进行组合
06	选择评估衡量方法与工具	在确定了评估的层次和内容，也设定了评估的形式后，企业可以根据实际情况针对每项评估活动选择相应的方法和工具
07	预设评估标准	在培训前需要预设每项评估活动的标准以指导评估工作的进行，一般在制订培训计划的阶段预设评估的各项标准并写入培训计划
08	全面考虑评估活动	在评估活动开始之前应该进行全面筹划，综合考虑评估的目标、要求、层次、内容、对象、形式、方法、工具、标准等，检查是否有不合理的地方，为评估活动的有效进行打好基础
09	收集培训评估数据	培训数据是培训评估最主要的参考依据，因此应该充分收集培训前后所有的相关数据

续表

序号	企业商学院培训评估内容	企业商学院培训效果评估说明
10	统计分析原始数据	对前期的培训评估和培训结果的相关数据进行统计分析，整理合并，同时得出相关结论
11	提出调整意见	基于对收集到的信息及数据的分析，有针对性地对培训项目做出调整
12	撰写培训评估报告	根据对统计数据的分析，结合学员的考核成绩，对培训项目做出公正合理的评估，并出具培训评估报告
13	沟通培训项目结果	将培训评估得到的数据及结论及时反馈给相关人员，如企业管理层、培训总监、受训学员及其部门主管等

培训评估报告是评估结果的书面报告，是对整个培训效果评估过程的全面反映。它的构成要素有8个方面。

培训评估报告样板如下：

序号		企业商学院培训评估报告
01	导言	简单介绍培训项目情况
		介绍评估目的、意义
		概括报告重点分析的问题

续表

序号	企业商学院培训评估报告	
02	方法与流程	调查的内容与范围
		评估的对象
		评估的实施方法
		评估的流程
03	评估结果	对数据进行统计分析
		陈述评估结果
		阐述是否达到了既定的培训目标
04	投入产出比	计算投入与产出比
		总结培训给企业带来的经济效益
05	培训反馈	关于培训项目结果，与相关人员的沟通情况
06	参考意见	分析存在的问题与局限性，提出弥补建议与参考意见
07	培训结论	概括全部评估结果，得出结论
08	附表	评估时所用的文件、资料等，如调查问卷

拟定人： 　　　　　　　日期：

需要注意的是，在企业商学院实际培训操作中的评估流程不一定要完全按照表格去做，可根据企业的实际情况调整，将培训评估工作做好，真正让学员收获到知识、经验、技能，更好地服务于企业持续长远发展。

第六章

企业商学院培训实施管理规划体系

一、企业商学院培训资源准备阶段

企业商学院培训资源准备阶段

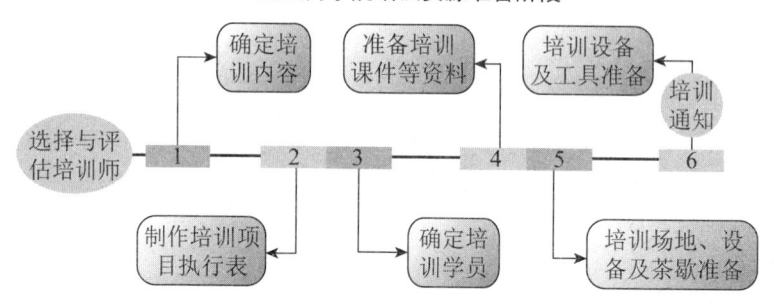

```
选择与评估培训师 → 1.确定培训内容 → 2.制作培训项目执行表 → 3.确定培训学员 → 4.准备培训课件等资料 → 5.培训设备及工具准备 / 培训场地、设备及茶歇准备 → 6.培训通知
```

1. 选择与评估培训师

对于计划实施的课程，若集团内部讲师可以胜任的，则优先选择内部讲师。内部讲师无法满足课程要求时，可选外部讲师。商学院向培训机构发送培训邀请书，明确培训项目的基本情况、具体要求、报价等。同时，商学院教务处应在日常积累、了解、查询的资深培训师档案资源中，通过访谈培训师曾经培训过的公司、录音（试听）录像（试看）资料、与培训师交流等方式对培训师资格进行评估，形成评估意见报商学院执行副院长。培训师需在培训实施两周前确定。

2. 确定培训内容

在了解培训对象需求并征求培训对象意见的基础上，商学院教务处应同培训师就培训具体内容进行沟通，向培训师介绍企业情况、培训需求、培训学员情况，要求培训师调整培训内容以适合企业具体需求，对培训师调整后的培训内容（包括培训测试题目）、使用的培训教材进行确认。

3. 制作培训项目执行表

根据正式实施前、实施中及实施后需要进行的工作内容制作培训项目执行表，按照表中情况准备并进行培训实施工作。

4. 确定培训学员

商学院教务处应根据培训需求、培训内容、培训形式，在培训实施前2周确定参加培训的学员范围。

5. 准备培训课件等资料

商学院教务处应要求培训师或培训公司提前1周将全部课件资料交给商学院教务处，以便教务处印制下发。培训前应准备的文件资料还应包括：《培训考勤表》《培训日程表》和《培训评估表》等。

6. 培训场地、设备及茶歇准备

商学院教务处应对培训场地进行现场考察，在此基础上确定培训地点。培训场地应在培训前3天确定。培训现场布置应分成授课区、受训区、讨论区、旁听区和茶歇区。

7. 培训设备及工具准备

应准备的培训设备及工具包括：相应数量的桌椅、笔记本电脑、投影仪、投影幕、白板、白板笔、白板纸、电子教鞭、桌牌（标明姓名与职位，便于教师辨认和沟通）、话筒、矿泉水、纸杯、便笺纸、胶水、胶带、回形针、上课时钟、录音笔、录像机等；培训正式开始前半小时，各种设备应该准备到位，调试正常。

8. 培训通知

培训通知应于培训实施3天以前发出，培训通知内容应包括：培训目的、培训内容、培训范围、培训日期及具体时间、培训地点、培训师资料简介、培训的纪律要求等。

二、企业商学院培训实施过程

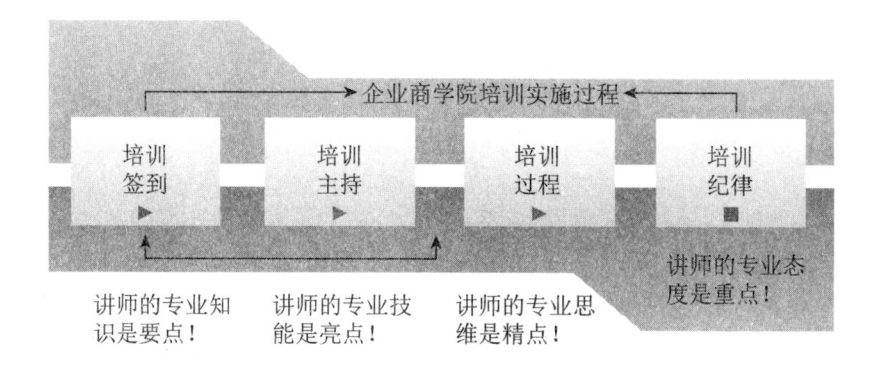

企业商学院培训实施过程：培训签到 → 培训主持 → 培训过程 → 培训纪律

- 讲师的专业知识是要点！
- 讲师的专业技能是亮点！
- 讲师的专业思维是精点！
- 讲师的专业态度是重点！

1. 培训签到

商学院教务处应安排专人负责签到，准备签到表和签到笔，每个培训日签到四次，上午、下午各两次，签到时间为培训正式开始前15分钟至培训开始时间。

2. 培训主持

商学院教务处应安排专人主持培训，在培训正式开始前5分钟，介绍本次培训概况及培训师情况，严肃培训纪律。

3. 培训过程

培训过程由培训师控制，培训进行到1/3和2/3时，商学院教务处应及时了解培训学员感受、意见和建议，反馈给培训师，建议培训师做适当调整。

4. 培训纪律

迟到20分钟以内者，允许参加培训，但需要扣本次培训学分的1分；迟到超过20分钟者，取消本次培训资格。因说话、喧闹、打电话等影响课程培训的，商学院教务处有权终止其本次培训，并取消其本次培训的学分。

三、企业商学院培训评估与考核体系

商学院根据培训课程的目的，结合实际考核周期选择适合的、可行的考核方法有：评估层级、评估内容、评估方法、评估时间、评估人等如下四级评估法。

商学院教务处进行一级评估：是衡量员工对具体培训内容、培训讲师及培训组织的满意度，通过面谈、观察、座谈、问卷调查、团队研讨会等训后评估；

商学院教务处进行二级评估：是衡量员工对培训内容、技巧、方法或概念的吸收与掌握程度，通过提问、笔试、口试、心得报告等训后评估；

商学院教务处进行三级行为评估是衡量员工在培训后的行为、业绩、专业知识、技能等改变是否因培训所改变与提升，进行如问卷调查、行为观察、面谈、360度考核等训后评估；

商学院教务处组织对训后员工一个季度或二个季度主管、同事或客户进行四级结果评估，四级评估是衡量培训给公司的业绩带来的影响绩效指标达成度、进行效率数据分析等训后评估。

四、企业商学院培训结果PDCA循环管理提升模式

　　企业商学院在建设初期、起步期较困难，商学院领导层建设不是很稳定，同时商学院各项工作还没有定性，还处于随时都会出现失误或问题的状态，如商学院讲师团队还没建设起来，课程开发还没有形成体系，培训组织还不是很完善，培训落地还不接地气等问题，所以企业商学院要不断进行PDCA循环管理，不断计划、不断实施、不断检查、不继改善，最终完成企业商学院第一阶段的建设任务，确保企业商学院实现建设目标。

企业商学院培训结果PDCA循环管理提升模式

商学院发展核心竞争力模式

PDCA企业商学院改变法

企业要发展必须要有核心竞争能力系统工程

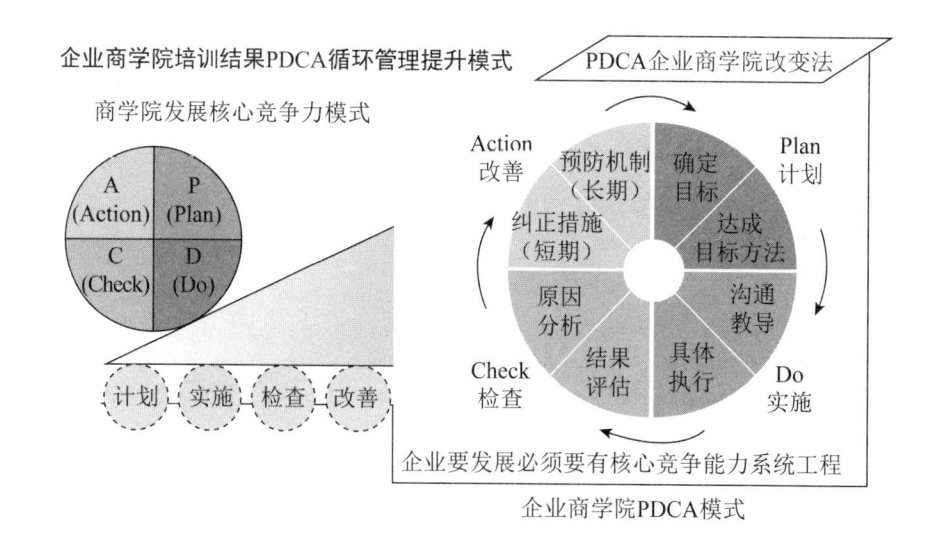

企业商学院PDCA模式

五、企业商学院培训效果绩效转化体系

企业商学院培训效果绩效转化体系

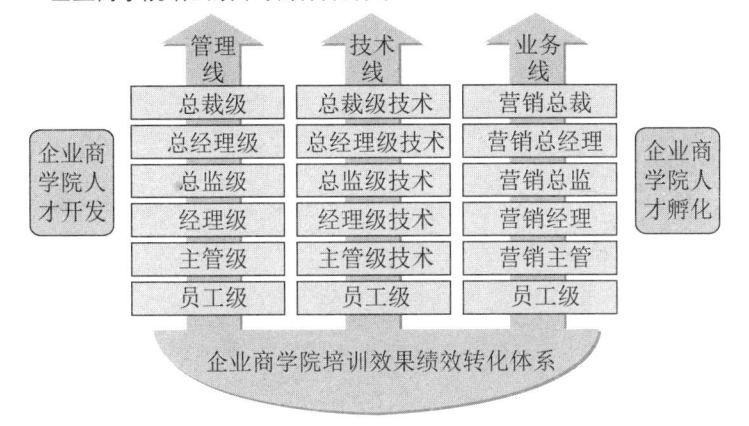

```
        管理线           技术线           业务线
    ┌─────────┐      ┌─────────┐      ┌─────────┐
    │ 总裁级  │      │总裁级技术│     │ 营销总裁 │
    ├─────────┤      ├─────────┤      ├─────────┤
企  │总经理级 │      │总经理级技术│   │营销总经理│  企
业  ├─────────┤      ├─────────┤      ├─────────┤  业
商  │ 总监级  │      │ 总监级技术│    │ 营销总监 │  商
学  ├─────────┤      ├─────────┤      ├─────────┤  学
院  │ 经理级  │      │ 经理级技术│    │ 营销经理 │  院
人  ├─────────┤      ├─────────┤      ├─────────┤  人
才  │ 主管级  │      │ 主管级技术│    │ 营销主管 │  才
开  ├─────────┤      ├─────────┤      ├─────────┤  孵
发  │ 员工级  │      │ 员工级   │     │ 员工级   │  化
    └─────────┘      └─────────┘      └─────────┘
          企业商学院培训效果绩效转化体系
```

企业商学院人才开发与人才孵化采用以下三条线：

（1）管理线：从员工级到主管级、经理级、总监级、总经理级、总裁级。

（2）技术线：从员工级到主管级技术、经理级技术、总监级技术、总经理级技术、总裁级技术。

（3）业务线：从员工级到营销主管、营销经理、营销总监、营销总经理、营销总裁。

六、企业商学院培训评估与绩效转化体系

企业商学院培训评估与绩效转化Level 1~Level 5

```
   Level 1      Level 2              Level 3      Level 4
   反应         学习                 行为         成果
   Reaction     Learning             Behavior     Result

   学习过程重点                     应用过程是关键点
   训练之运作与模式                 训练之转化重点
   ─────────────────────────────────────────────────
          企业商学院培训学习绩效转化
   Level 5 投资报酬率（ROI）（培训回报率/边际贡献率）
```

企业商学院培训绩效四阶评估绩效转化系统

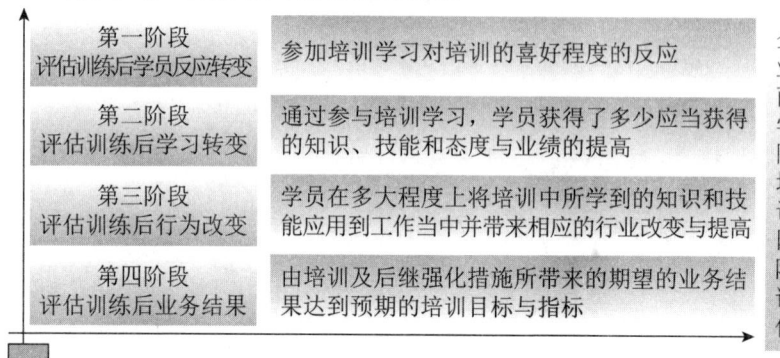

第一阶段 评估训练后学员反应转变	参加培训学习对培训的喜好程度的反应
第二阶段 评估训练后学习转变	通过参与培训学习，学员获得了多少应当获得的知识、技能和态度与业绩的提高
第三阶段 评估训练后行为改变	学员在多大程度上将培训中所学到的知识和技能应用到工作当中并带来相应的行业改变与提高
第四阶段 评估训练后业务结果	由培训及后继强化措施所带来的期望的业务结果达到预期的培训目标与指标

企业商学院培训四阶评估

四级评估模式，是检验培训效果的一种有效方式与方法，通常从"反应、学习、行为、结果"四个维度进行培训后的效果评估。

1. 反应评估（Reaction）

反应评估是指受训人员对培训项目的印象如何，包括对讲师和培训科目、设施、方法、内容、自己收获大小等方面的看法。反应评估主要是在培训项目结束时，通过问卷调查来收集受训人员对于培训项目的效果和有用性的反应。这个层次的评估可以作为改进培训内容、培训方式、教学进度等方面的建议或综合评估的参考。

（1）反应评估的重要性：学员对培训的反应可以为商学院提供极有价值的意见反馈；通过培训反应评估，可以让参训人员认识到为他们提供培训是为了让他们把工作做得更好，同时，培训人员得到学员的意见反馈，以确定自己提供的培训是否有效；学员培训反应表能够为与培训项目有关的管理人员及其他相关人士提供一些量化信息；最后，培训反应评估表还能为培训人员提供一些量化信息，为以后的培训项目制订出培训效果衡量标准。

（2）培训反应评估的指导原则：确定自己希望了解的事项；设计一份能够量化学员反应的表格——反应评估表；鼓励学员提交书面的意见和建议；及时得到学员100%的意见反馈；得到诚恳的回答；确定大家认可的评估标准；根据标准衡量培训反应，并及时采取相应措施；对培训反应进行恰当的沟通。

（3）注意事项：在培训过程中，反应评估是第一个层次的评估。所有培训项目都应该进行这一层次的评估。反应评估表中所有答复都应该予以细致的考虑，并对培训项目做出相应的调整。这仅仅是培训项目评估的第一步，但却是及其重要的一步。

2. 学习评估（Learning）

学习评估是目前最常见、也是最常用到的一种评价方式。它是测量受训人员对原理、技能、态度等培训内容的理解和掌握程度。学习评估可以采用问卷、访谈、笔试、实地操作和工作模拟等方法来考查受训人员在培训前后，对知识以及技能的掌握方面有多大程度的提高。

（1）学习评估的内容：在培训项目中，培训师可以传授三个方面的内容：知识、技能和态度。因此，就培训学习的衡量来说，其主要任务是确定一些事项：学员学到了哪些知识？学员掌握或提升了哪些技能？学员在哪些态度上发生了转变？

（2）学习评估的指导原则：如果可能，借助对照组进行分析；在培训项目前后对学员的知识、技能或态度进行评估；通过笔试对学员学习的知识和技能做出测试；通过绩效测评学员学习的技能；让学员全部参加测试；采取恰当的措施。

3. 行为评估（Behavior）

行为评估指在培训结束后的一段时间里，由受训人员的上级、同事、下属或者客户观察他们的行为在培训前后是否发生变化，是否在工作中运用了培训中学到的知识。这个层次的评估通常需要借助于一系列的评估表来考察受训人员培训后在实际工作中行为的变化，以判断其所学知识、技能对实际工作的影响。行为评估是考查培训效果的最重要的指标。

（1）行为评估的任务：弄清学员参加培训后在工作行为上会发生怎样的转变。而行为评估比前两级面临的挑战更为复杂和艰巨：首先，除非参训人员有机会改变自己的行为，否则他们很难促成自己的行为的转变；其次，要想预测参训人员的行为能否发生改变几乎是不可能的；最后，参训人员将自己在培训中学到的内容应用到工作中去时，可能会受各种主客观因素的限制，影响它的发挥。

（2）行为评估的指导原则：如果可能，借助对照组进行分析；留出充足的时间，促使行为转变；如果可能，在培训项目前后都要进行评估；对那些了解参训人员行为的人进行调查；对所有参训人员进行评估或选择部分人员作为调查样本进行评估；在适当的时间范围内进行多次评估；比较评估成本和评估收益。

4. 成果评估（Result）

成果评估即判断培训是否能给企业的经营成果带来具体而直接的贡献，这一层次的评估上升到了组织的高度。成果评估可以通过一系列指标来衡量，如事故率、生产率、员工离职率、次品率、员工士气以及客户满意度等。通过对这些指标的分析，管理层能够了解培训所带来的收益。

（1）成果评估面临的挑战：整个评估程序中最重要、也是最难处理的环节。培训人员不知道应该如何对培训结果进行测量，也不知道应该怎样将培训取得的结果与培训项目花费的成本进行比较；即使培训人员知道应该怎样做，而且找到了充足的证据，但他们并没有充足的证据证明这些积极有效的结果是通过培训项目取到的。

（2）成果评估的指导原则：如果可能，借助对照组进行分析；留出充足的时间，促成培训结果的实现；如果可能，在培训项目前后进行评估；在合理的时间范围内进行多次评估；比较成本和评估收益；在无法提交培训结果的证据时，应该对培训取得的实际状况表示满意。

七、企业商学院培训文化体系建设

企业商学院培训文化体系建设

- 会议文化系统建设
- 演讲文化系统建设
- 讲师技能评比文化系统建设
- 课程开发文化系统建设
- 案例文化系统建设
- 绩效文化系统建设

企业商学院各种会议文化系统建设，商学院管理团队、讲师团队、学员团队通过会议的形式传播企业商学院的使命、责任、项目和教学特色。

企业商学院可以经常开展一些有特色、有意义的各种演讲活动，促进商学院的演讲文化活动的建设并形成系统。

企业商学院可以开展内部讲师与兼职讲师的讲师技术PK大赛，活跃讲师讲授技术文化建设。

企业商学院可以让企业全员参与商学院课程开发中来，活跃课程文化系统建设。

企业商学院可以让企业全员参与商学院各项管理案例的分析、调研、整理、收集当中来，凡是被企业商学院EMBA管理案例库收存的，将获得企业商学院给予的奖励，从而形成案例文化系统建设。

绩效文化建设是企业商学院持续建设的关键一环，商学院各团队、项目组织、培训教学活动，都应树立起绩效结果导向意识，建立企业商学院绩效文化体系，增强企业商学院的责任感、使命感，更好地服务于企业全面发展。

# 第七章

企业商学院讲师培养规划

一、企业商学院讲师的使命及价值

企业商学院讲师的使命及价值即为传道、授业、解惑，见下图。

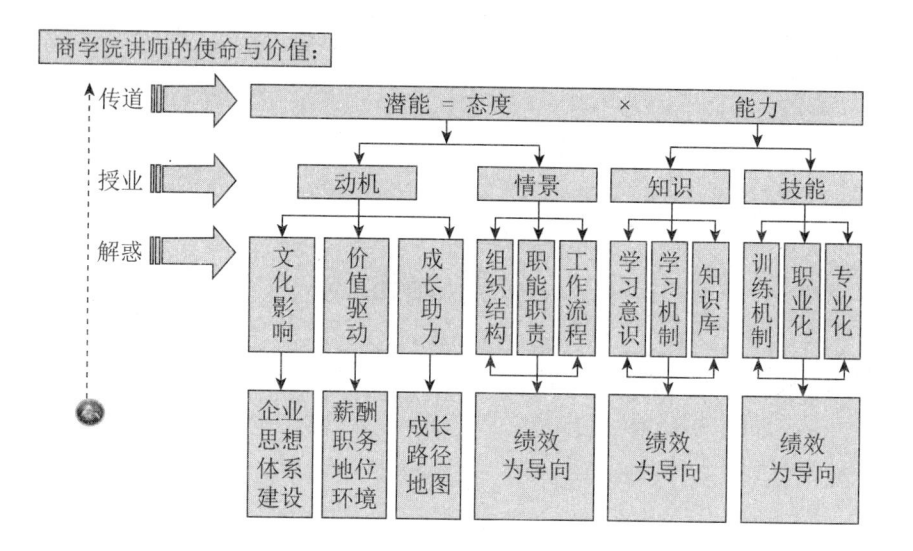

商学院讲师的使命与价值：

传道 → 潜能 = 态度 × 能力

授业 → 动机 | 情景 | 知识 | 技能

解惑 → 文化影响 | 价值驱动 | 成长助力 | 组织结构 | 职能职责 | 工作流程 | 学习意识 | 学习机制 | 知识库 | 训练机制 | 职业化 | 专业化

→ 企业思想体系建设 | 薪酬职务地位环境 | 成长路径地图 | 绩效为导向 | 绩效为导向 | 绩效为导向

二、企业商学院讲师管理指导原则

1. 以企业商学院内部讲师为主，外部讲师为辅助补充

企业商学院培训课程的实施，从数量和覆盖面来讲，以内部讲师为主。出现以下情况时可以考虑引进外部讲师实施有针对性的培训：

- 公司需要的课程，但企业商学院内部讲师无法提供时；
- 对公司有益的先进管理理念、方法和工具的引进；
- 部分专业性较强的管理、技术岗位员工，经公司审批同意可以参加合适的外训；
- 公司认定的其他适用于外部讲师的情况。

2. 以课程认证为主，以资格审核为辅

企业商学院讲师的选拔原则上以课程优劣来论断，资格审核不以学历、工作经验、职务、职级等作为选拔讲师的限制条件。

3. 企业商学院内部培训的系统性、组织性与内部讲师的主动性、创造性有机统一的原则

为了充分发挥内部培训对公司人才培育和开发的作用，课程体系、课程开发、培训开展、培训评估等工作必须科学、系统地加以设置并有组织地予以实施。同时，根据培训工作的特点，尊重和提倡讲师的主动性和创造性。内部讲师除了开发公司规定的课程外，可以开发任何与工作相关、对员工的工作和学习有帮助的课程参加课程认证。内部讲师除了实施公司统一组织的培训课程外，可以主动提出授课申请，符合一定条件的可以在公司内部授课。

4. 授课的内容与形式并重的原则

除了重视课程的内容，提倡内部讲师在授课形式上进行创新。鼓励内部讲师尝试和探索除传统宣贯式授课之外的其他形式，如：教练法、课题研讨、案例教学、管理游戏、角色扮演、沙龙活动、头脑风暴、企业经营模拟等注重学员参与的亲验式教学法，营造生动、活泼的课堂气氛，增强授课的效果与实用性。

5. 教学相长的原则

内部讲师通过课程开发将自己的隐性知识显性化的过程，就是对自己知识的提炼、扩充、概括、完善和升华释放的过程。在课堂上，显性知识在学员之间传播、激荡，不仅对学员

的学习和工作有帮助，讲师也可以从中得到有价值的回馈，从而对自己的知识加以进一步的充实和完善。

6. 公平竞争、按劳付酬的原则

企业将为所有内部讲师创造一个公平的竞争环境，尽量减少在内部讲师选拔、考评、定级和晋级等环节中人为的主观因素。企业将给予内部讲师一定的津贴，具体金额与内部讲师的培训课时、培训人数、培训质量以及所属讲师级别有关。

7. 内部讲师与企业共同发展的原则

内部讲师是企业相关领域知识和经验及技能的总结者、提炼者和推广者，这些工作对于促进企业的持续发展有着重要的作用。另一方面，企业将为内部讲师提供更多的培养和锻炼的机会，促进内部讲师素质和能力的提升。

8. 职业发展通道多元化原则

企业商学院内部讲师职业发展通道设5个级别，分别为：初级讲师、中级讲师、高级讲师、首席讲师、特聘讲师。企业为内部讲师设置了讲师序列的职业发展通道，以满足内部讲师的职业发展和晋升的需求。

三、企业商学院内部讲师及其他部门职责

1. 企业商学院内部讲师职责

严格遵守内部讲师管理的相关条款，认真履行内部讲师的神圣职责。

及时开发培训所需课程、资料、表格、管理案例，将管理

案例与相关知识、经验整合，积极讲授课程。

积极参加内部讲师培训学习与研讨会议，不断提升与自身相关的综合专业知识、技能，带动传播管理思想，参与培训效果评估、测评考核活动。

提出课题、研讨、解决方案，积极高效配合企业商学院各项相关培训工作的顺利展开。

参加公司内部管理顾问、咨询团队，研讨管理项目立项活动，并不断提出合理化改善建议。

带动更多同事积极参加学习，带头参加各项培训活动和培训组织。

定期提报或上交企业商学院教务处管理项目案例资料，新开发设计课程。

积极参加企业商学院教务处组织的各项培训、演讲比赛、研讨会、沙龙交流、头脑风暴等，并协助指导见习讲师技能的全面提升成长。

2. 企业商学院职责

企业商学院为内部讲师的组织主管部门，负责集团层面的内部讲师队伍的建设，包括内部讲师的组织、选拔、培养、激励与考核等。

对直属子公司讲师队伍建设提供咨询、技术指导及建议与服务。

3. 企业商学院直属子公司人力资源部门配合工作

在企业商学院指导下，建立本公司级的内部讲师队伍。

对于本公司内部或专职讲师，直属子公司需要将其名单及课程报企业商学院教务处备案，以便统一编入公司师资数据库中。

协助企业商学院教务处管理，推荐符合要求的讲师人选。

4. 企业商学院集团职能部门配合工作

根据集团培训需要，推荐符合要求的讲师人选。

本部门员工为讲师的，在工作上予以妥善安排，在不影响工作的情况下，保证培训的顺利进行。

四、企业商学院讲师选拔标准

1. 企业商学院内部讲师任职资格

热爱培训事业，具有良好的职业道德和敬业精神。

具有1年及以上专业工作经历，在本专业领域有较好的工作业绩与突出表现，积极上进，遵守公司制度。

口齿清晰，表达流利，普通话较标准，行为端庄，举止大方得体。

有持续学习与好学上进之心态，有良好的个人价值观，对企业文化认同度极高。

有设计开发课程的初步技能。

2. 企业商学院内部讲师的选拔

由企业商学院教务处组织内部课程征集。企业商学院根据商学院内训规划及课程开发计划，定期或不定期在集团范围发布内部讲师竞聘信息，竞聘信息包含拟开发课程的名称及内容要求等，任何对拟开发课程感兴趣的员工均可以报名，并于15个工作日内将相关课程课件或课程大纲提交企业商学院教务处。

集团各部门和各直属子公司人事行政部门推荐。集团各部门和各子公司依据企业商学院内训规划，结合本部门或子公司的培训需求以及所属员工的特长和兴趣，向企业商学院推荐本部门或子公司合适的员工为企业商学院内部讲师候选人。

员工自荐。任何员工都可以随时向企业商学院自荐，课程可以是集团发布的拟开发课程，也可以是其他自己感兴趣的与工作相关的课程。

子公司内部专职或兼职讲师。集团直属子公司，有专职或兼职讲师的，所在子公司人事行政部门需要将专兼职讲师名单及课件提报企业商学院教务处，对于符合企业商学院内部讲师条件并通过课程认证的，将吸收为企业商学院内部讲师。

集团总部职能部门经理级（含副职）及以上员工、直属子公司部门经理级（含副职）及以上员工自动成为企业商学院内部讲师，部门经理级（含副职）员工一般首次定级为"中级讲师"，总监级（含副职）员工一般首次定级为"高级讲师"，企业商学院也可以聘请公司或外部同行资深人士为公司的"特聘讲师"或"首席讲师"。

3. 企业商学院内部讲师选拔流程

企业商学院讲师选拔流程图见下图。

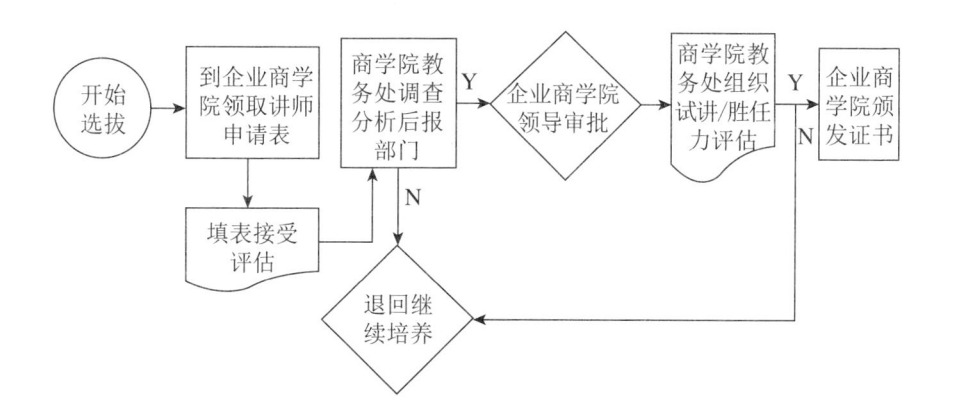

4. 企业商学院讲师资格审核、课程试讲与聘任

接到试讲通知的申请人任选培训专题试讲15～20分钟；由企业商学院教务处组织对试讲情况进行评分与考核，并将评分结果记录在"企业商学院内部培训师资格选拔评估表"及"企业商学院内部培训师试讲评价表"中。

企业商学院汇总候选人名单，依据培训课程及任职资格要求，确定内部初级讲师名单。

企业商学院教务处组织内部初级讲师进行试讲，并由课程评审小组对课程进行评价，评分平均在80分及以上的初级讲师，经企业商学院审批后，即聘任为企业商学院内部正式讲师。

试讲讲师一般初次认证为初级讲师，由企业商学院颁发"企业商学院内部讲师聘书"，并在集团范围内公布被聘者名单。

经理级及以上员工自动成为集团商学院内部讲师，不需要参加课程评审，但需要将自己擅长的课程讲义、管理案例及其他相关资料提交企业商学院教务处备存和汇总，以利后续企业商学院内训课程库资料的建立与完善。

五、企业商学院讲师培养规划

由企业商学院教务处组织内训，召开讲师交流沟通会：定期组织学习与内训，不定期召开讨论会、沙龙和头脑风暴研讨会，了解内部讲师工作动向，介绍最新的培训信息，提高讲师知识水准与授课技能，增强团队凝聚力与向心力。

外派培训与考察：不定期组织讲师参加培训公司组织的培训，或向同行学习与考察，开阔视野，增强专业讲师授课技能。

聘请外部专家培训：适当引入外部专家进行内训，学习外部先进的知识和理念，开拓、活跃内部讲师思维，提高讲师专业水平和教学技巧，快速提升内部讲师的专业水准，活跃企业学习氛围。

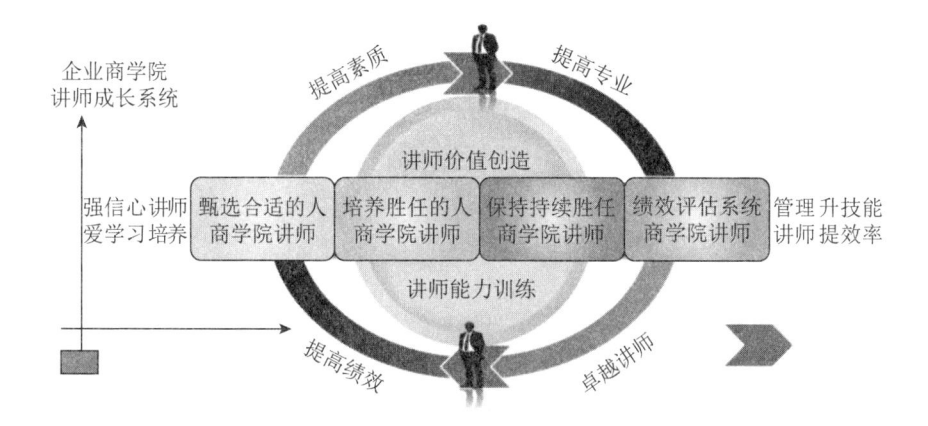

六、企业商学院内部讲师考核与晋级

内部讲师级别分为：初级讲师、中级讲师、高级讲师、首席讲师和特聘讲师。

讲师考核采用积分制。讲师积分计算公式如下：

讲师积分＝Σ（每次课程学员总体评价平均得分÷100×该课程课时×a×b)

其中，学员评价采取百分制。系数a根据参加培训学员人数而定；系数b与内部讲师通过认证且已经实施培训的课程数相关（若仅通过认证，但未有实施过培训的不计算在内）：同一讲师有1门课程的b=1；有2门课程的b=1.1；有3门课程的b=1.2；以此类推。

1. 内部讲师晋级

讲师在各自级别上积分累计达到80分及以上者，即获得晋升的资格，经公司讲师评审小组评审通过后，即可晋级为上一级讲师。

企业商学院讲师晋级流程见下图。

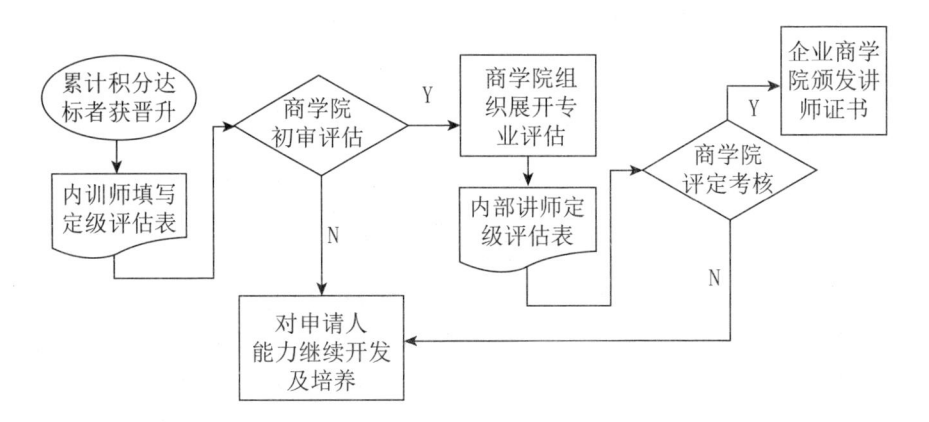

```
累计积分达           商学院组              企业商学
标者获晋升 → 商学院 ─Y→ 织展开专 →         院颁发讲
            初审评估    业评估              师证书
    ↓         ↓         ↓         ↑Y
  内训师填写   N      内部讲师定  商学院
  定级评估表           级评估表   评定考核
    ↓         ↓         ↓         ↓N
          对申请人
          能力继续开发 ←───────────
          及培养
```

企业商学院内部讲师晋级评估表如下（仅作参考）：

讲师层级	授课课时	课件开发	授课门数	授课类型	学员评价（10分）	活动参与（10分）	课时统计与考核
初级讲师	24	4	4	①业务线基层培训；②规划的精品课程；③部门层面新员工入职培训；④储干开发类课程	7分	8分	授课课时以各自板块培训时间累计为主，由各自产业人事行政部考核。考评标准：内训师评级由培训委员会、学员委员会、课时考评3部分组成。考评权重：培训委员会考评占60%，学员委员会考评占20%，课时考评占20%，年度综合成绩为3者汇总后的得分。考评机制：内训师按照年度进行考评、评级，年终考评综合成绩超过80分者（满分100分）或综合成绩年终排名前10%者给予升级，年终考核不合格或综合成绩

第七章 企业商学院讲师培养规划

续表

讲师层级	授课课时	课件开发	授课门数	授课类型	学员评价（10分）	活动参与（10分）	课时统计与考核
中级讲师	36	6	6	①集团公开课程、精品课程；②集团层面的新员工入职培训；③初级讲师培训课程；④集团储干培训	8分	8分	综合排名后10%者做降级处理，考评结束颁发考评后的资格证书，降级人员需调整所颁发的证书。 考评奖励：综合成绩获得前10名者可获得： ①评选为年度优秀讲师； ②获得优秀讲师表彰荣誉及奖金1000元激励； ③集团安排的国内高层次学术研讨培训，费用报销
高级讲师	36	8	8	①集团公开课程、精品课程；②集团层面的新员工入职培训；③中级讲师培训课程；④集团层面储干/开发课程	9分	7分	
首席讲师	不限	不限	不限	不限	不参与评分	不参与评分	
特聘讲师	不限	不限	不限	①集团公开课程；②高级讲师培训课程；③产业集团高层人员培训；④集团中层管理或技术类课程	不参与评分	不参与评分	

企业商学院内部讲师晋级路线图见下图。

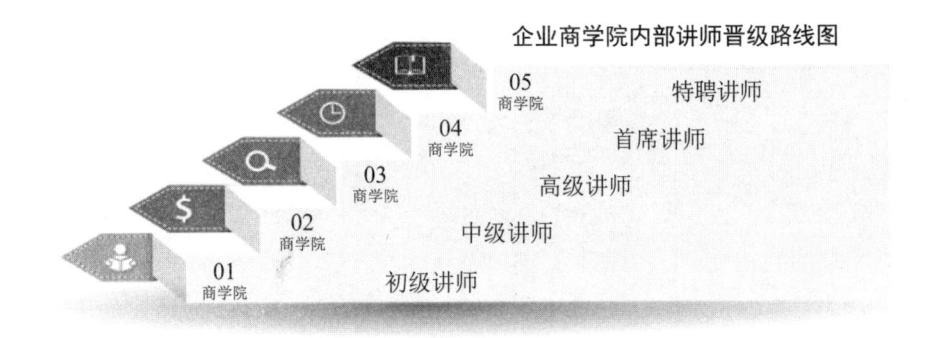

企业商学院内部讲师晋级路线图

05 商学院 —— 特聘讲师
04 商学院 —— 首席讲师
03 商学院 —— 高级讲师
02 商学院 —— 中级讲师
01 商学院 —— 初级讲师

内部讲师通过课程开发，实战讲授，达到一定的积分进行晋级。

各级别的讲师年度总积分位于所在级别前10%位的，则自动成为集团"年度优秀培训讲师"候选人，经商学院讲师评审小组评审通过后，将被授予公司"年度优秀培训讲师"或"企业商学院优秀培训讲师"称号，企业商学院将在集团范围内进行通报表扬，并给予额外物质奖励或外派学习的机会。

2. 企业商学院内部讲师满意度评估

内部讲师培训满意度是指课后由培训部门对该次培训的第一反映与总结汇报，具体内容请见《培训满意度调查表》。可采用对学员逐个发放和部分抽样发放两种方式，每次培训35人以上可选择抽样发放，比列为总人数的80%。满意度分数为所有学员的评分的平均值。未做满意度调查的培训以最低标准发放讲师津贴。

七、企业商学院讲师津贴

企业商学院讲师津贴管理示例如下：

序号	工作时间内讲课课酬标准	业余时间内讲课课酬标准	课程质量
\multicolumn{4}{c}{认证讲师津贴标准}		
01	初级讲师课时费标准：80元/小时；每认证通过一门课程补贴160元	初级讲师课时费标准：100元/小时	管理/技术基础课程/课程认证
02	中级讲师课时费标准：100元/小时；每认证通过一门课程补贴200元	中级讲师课时费标准：120元/小时	管理/技术中层课程/课程认证
03	高级讲师课时费标准：120元/小时；每认证通过一门课程补贴240元	高级讲师课时费标准：140元/小时	管理/技术高层课程/课程认证
04	特聘讲师课时费标准：150元/小时；每认证通过一门课程补贴300元	特聘讲师课时费标准：300元/小时	管理与技术特聘课程/课程认证
05	首席讲师课时费标准：300元/小时；每认证通过一门课程补贴500元	首席讲师课时费标准：500元/小时	管理与技术特聘课程/课程认证
\multicolumn{4}{c}{非认证讲师津贴标准}		
01	初级课程/非认证讲师：50元/小时；每认证通过一门课程补贴120元	初级课程/非认证讲师：60元/小时	基础类型课程/课程认证
02	中级课程/非认证讲师：80元/小时；每认证通过一门课程补贴160元	中级课程/非认证讲师：90元/小时	管理类中高课程/课程认证
03	高级课程/非认证讲师：100元/小时；每认证通过一门课程补贴200元	高级课程/非认证讲师：120元/小时	技术类中高课程/课程认证
课时费	\multicolumn{3}{l}{实际课时费=对应讲师级别课时费标准×学员总体评价平均得分÷100×实际课时数×a，其中系数a根据参加培训学员人数而定}		

企业商学院组织的内训课程，讲师课时费及津贴从集团培训费用中支出；直属子公司组织的内训课程，讲师课时费及津贴从所属子公司的培训费用中支出；直属子公司邀请集团内部讲师给本单位员工授课的，讲师课时费从所属子公司的培训费用中支出。

部门经理级及以上管理人员在本部门内部授课的属本职工作范围，不支付课时费；跨部门、多部门培训将以讲师付酬标准支付。

内部讲师上班时间课酬与业余时间课酬以上表为准。每堂课最低时间为60分钟，不足60分钟不计授课费，超过60分钟后，每30分钟为计算单位，不足30分钟不计时间。下班前30分钟开始培训可计为业余时间。

内训津贴不适用范围。本部门新员工入职内训、岗前职业内训、公司制度类（包括公司管理制度、文件、工作流程、管理手册、会议纪要等制度文件传达解释类小内训）及相关研讨培训不发给相关的培训课酬（可以记录培训课时）。

内部讲师津贴发放。集团所聘请内部讲师，每季度由企业商学院填写《内部讲师授课费用报批表》统计一次，呈总裁审批后，以现金形式经领取人签字认可方式予以发放；各下属公司所聘请的内部讲师，由下属公司人事行政部门统计报各公司最高领导审批，以现金形式经领取人签字认可方式予以发放。因为人数与地点关系，同一课题，分批进行培训的，按照课酬标准的60%进行发放。

八、企业商学院内部讲师纪律

内部讲师应在开课前1周把培训课程设计方案和相关的课程、教学材料原稿交企业商学院教务处审核，并由企业商学院存档，作为教材考核的依据，并为企业商学院培训教材资料库的建立与完善打基础。

内部讲师必须严格按照主办部门设计的培训方案和计划进行培训，如有改动应事先征得主办部门同意。如因故（含因公、因私）不能按时授课则必须提前3天以书面形式向主办部门请假，经同意后由主办部门进行课程调整。每延误一次培训负激励100元，一年累计两次则取消讲师资格。

内部讲师必须提前15~20分钟进入课堂做好课前准备。对无故缺课或迟到者，视情况进行批评、警告、处分负激励（迟到、早退一次负激励20元，缺课一次负激励100元）。

在授课前1天内遇有突发事件（须有授课人的直接主管书面证明）不能按时上课时，内部讲师须在培训前4个小时之前与企业商学院协调，调整培训时间，否则，按100元/次予以负激励。

内部讲师应认真备课、授课，使各项培训达到预期效果。敷衍了事者，公司不予计发讲课费，情况严重者，取消内部讲师资格。

内部讲师在制作考试命题时，应严格保密，不得以任何形式泄漏试题。

内部讲师在培训过程中，应着装正式，礼容严慎，精神良好。

九、企业商学院外聘讲师管理

1. 外聘专业讲师

根据企业商学院教学管理相关制度，凡本商学院内训老师提供的课程无法满足培训需求的，企业商学院可根据预算与市场及教学规划，以招标竞标的方式聘请外部讲师（咨询服务公司、国家专业培训机构、社会大专院校老师），企业商学院教务处负责前期操作工作。

2. 外聘行业专业讲师

根据企业商学院教学管理制度，凡本商学院内训老师提供的课程无法满足培训需求的，企业商学院可根据预算与市场及教学规划，以招标竞标的方式聘请外部讲师并颁发企业商学院讲师证书（供应商中高层、外协厂商中高层、经销商中高层、代理商中高层、加盟商中高层等为培训讲师的），企业商学院教务处负责前期操作工作。

十、企业商学院讲师九种专业讲授教学方式

讲授法，是常规性培训手法，即按照课程大纲进行讲解的一种教学法。

体验法，是让培训学员参与其中，共同来完成一项教学培训活动，灵活多样，生动有趣。

沙龙法，是在培训教学中采用的一种宽松自然、情景模拟演练的一种教学方式。

互动法，是在培训过程中让学员互相了解，取长补短，游戏共教，共同学习，共同谈讨，相得益彰。

沙盘法，是在培训教学过程中采用项目运营经营管理的模式进入培训之中，利用角色扮演进行教学。

案例法，是在培训教学过程中采用各种各样的管理、营销、销售、市场、产品、品牌、渠道、客户等进行案例分析、举例、讲解、数据等培训教学方式。

启发式，是在培训教学过程中，采用的一种以启发诱导办法传授知识、培养能力，使学员积极主动学习的一种方式。

分析法，是在培训教学过程中，采用各种数据、案例、项目、信息等进行分析、梳理、整理的教学方式。

头脑风暴法，是在培训教学中，让学员各施所长、各尽所能、各抒己见的教学方式。

十一、企业商学院讲师魅力讲授技术导图

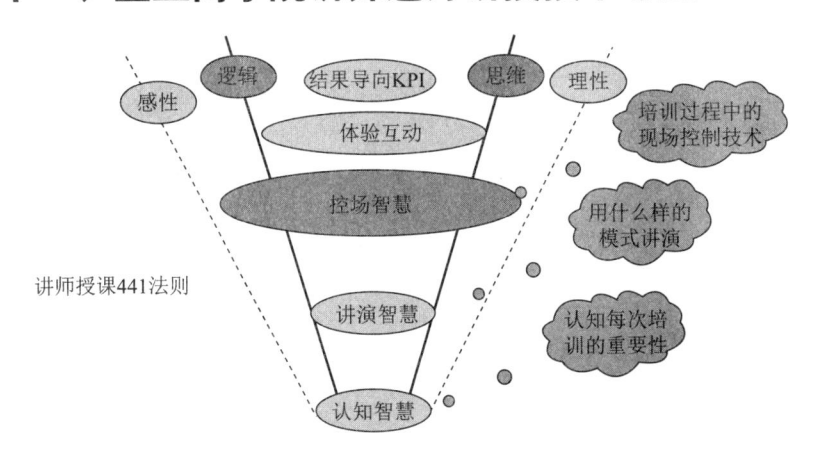

第1个"4"是指：

（1）讲师思维线：培训讲师在培训授课时，其思维是关键因素。思维必须系统、清晰、主次分明，要讲的主题、中心、内容要具体全面；

（2）讲师逻辑思维线：讲师授课时的逻辑思维是重点，层次明确，内容提要分明，不能前后不一，混淆是非，必须紧扣主题；

（3）讲师理性线：讲师在授课时，要充分感受成年人的学习技巧与方式、方法、模式，这些与在校学生是不一样的，因此，讲师授课要一定要有针对性，不可以太教条化；

（4）讲师感性线：讲师在授课时要多与学员互动，让学员参与其中，进行体验式教学。

第2个"4"是指：

（1）讲师的自我"认知智慧"：认知越清楚自信，讲授时的效果越显著，越轻松自然，培训要达到什么效果，都要在自我潜意识里定好位；

（2）讲师的"讲演智慧"：讲师在台上授课讲演时，如肢体语言、文字语言、有声语言、无声语言等要动态转换结合使用；

（3）讲师的"控场智慧"：讲师在授课过程中，对培训的前、中、后、总结等时间掌控、调配等要恰到好处；

（4）讲师的"体验互动"：讲师授课时最好的方法是"体验互动"式教学，让学员全部参与其中，这样培训的效果比较显著。

第3个"1"是指：结果导向为中心，培训产生业绩KPI，业绩服务企业发展，凡是培训都要以改变业绩为导向。

十二、企业商学院讲师授课禁忌

讲师都知道"传道、授业、解惑"的重要性，也在有意识地提高讲课的效果，但是由于多种原因，他们在讲课时往往会犯各种形式的错误。要想减少失误，了解讲课的禁忌是很重要的。

（1）忌照本宣科：培训幻灯片只是一种授课工具，仅此而已；培训的关键是讲解，学员们听懂理解才是目的。

（2）忌高深莫测：故意将课题讲得很高深，似乎这样才能体现自己的水准，但对于新学员来说这不亚于在"听天书"，华而不实。

（3）忌自吹自擂：学历、资历不等于水平，讲师要讲究最终的培训效果。

（4）忌念流水账：有些讲师课讲得十分呆板，从大标题到小标题依次下来，面面俱到，泾渭分明，但索然无味，像和尚念经，很难达到培训的预期效果。

（5）忌语言障碍：讲师的不良口语习惯，带到课堂上会大大降低授课效果，比如："是不是？是不是？……"

（6）忌拖延课时：在有限的课时里，课程时间必须严格掌握，课时的拖延使学员课后非常疲惫。

（7）忌满堂灌：有的培训一讲到底，全部都是课程内容，学员的脑子里装不了，本子上记不完，讲师讲得累，学员听得更累。

（8）忌离题太远：讲课应围绕课题中心发挥，不能太随意、离题太远，山南海北不着边际，学员如堕云里雾中。

（9）忌死气沉沉：讲师须善于调节课堂氛围，设法吸引每个学员的注意力，切忌枯燥乏味，死气沉沉，催人欲睡。

（10）忌无限煽情：互动的目的是为课程内容服务的，切勿为了感染、打动学员而一味煽情。

（11）忌做笑话篓子：活跃气氛是为了使学员注意力集中，提高学习兴趣，讲太多的故事和笑话，挤掉了很多课程内容，未免喧宾夺主。

（12）忌当众批评：成年人自尊心很强，一般不宜当众提出批评，否则容易造成尴尬局面，使学员产生抵触情绪和逆反心理。

（13）忌居高临下：学员不喜欢被说教、被灌输，他们喜欢相互平等的交流方式。

（14）忌肢体语言不当：肢体语言是讲师重要的辅助语言。讲课时两手叉腰，两手交叉抱臂，或者用手指指向某位学员等，都是不良肢体语言的表现。

（15）忌衣饰不得体：讲师的衣着和身上的饰物是"为人师表"的一个重要方面，必须做到稳重简洁、儒雅得体。

商学院讲师必备技能和专业工具运用

商学院课程开发	① 学院授课方式	② 讲授技巧	③ 控场与布局
• 学院讲师包装 • 课程需求调研 • 规划课程结构 • 制订课程大纲 • 设计开发讲义 • 编著授课脚本 • 设计课程案例 • 设计授课模式	• 讲师常用教学方式 • 培训操作互动教学 • 针对单元内容和目标选择教学方式 • 课程脚本设计开发 • 辅助教学设备准备 • 培训辅助器材运用	• 台风讲授风格 • 培训时间控制 • 讲授互动技巧 • 内容过渡与转换 • 学员互动与造势 • 与学员保持参与度 • 课中处理疑难问题	• 讲师破冰及暖场技巧 • 课前学员需求调查 • 学习效果阶段评估 • 控场技巧与方法 • 培训学习情绪控制 • 讲师培训现场管理 • 效果阶段性目标控制 • 保证培训实施达到预期效果的技术

第八章

企业商学院外派培训管理规划

企业商学院外派培训管理规划图

1. 企业商学院外派培训的适用条件
2. 企业商学院外派培训的准备
3. 企业商学院培训协议的签订
4. 企业商学院培训费用的借款、付款与结算
5. 企业商学院培训费用报销的情形与范围
6. 企业商学院培训费用不予报销的情形与范围
7. 企业商学院外派培训的考勤管理
8. 企业商学院外派培训人员的职务代理
9. 企业商学院外派培训的纪律要求与效果评估

（中心：企业商学院外派培训管理规划）

一、企业商学院外派培训的适用条件

根据企业商学院教学规划，对商学院不能提供的专业课程，也不能请讲师到企业商学院来授课的情况下，由企业商学院教务处申请，执行院长与院长批准，学院教务处跟踪寻找外部培训咨询服务公司、培训机构进行培训师资与质量评估，最终达成培训意向，并签署培训合同。

二、企业商学院外派培训的准备

被外派分子公司、部门人员由企业商学院教务处助教提前1周通知，重点是要提醒外派学员提前做好学习问题提练的准备，每个学员必须带上三个以上的问题去参加学习培训，这样更能学以致用，提高学习的有效性，并安排好各项相关工作，费用由公司管理制度进行操作。

三、企业商学院培训协议的签订

外派培训人员需签订培训协议，根据培训费用及职位的不同，所签订的协议也不同。

四、企业商学院培训费用的借款、付款与结算

总部培训由企业商学院以年度培训预算培训费用支付。外派人员参加培训的，由各部门进行借款支付，外派人员参加培训时，代为缴纳培训费用，并将相应发票予以带回，未按规定执行的，由受训人员承担培训费用。除上述规定外，企业商学院进行费用月度汇总上报。

五、企业商学院培训费用报销的情形与范围

培训费用的报销按照企业商学院培训制度执行，且要求培训结果合格，受训人员取得结业证书或毕业证书。培训费用报销范围为：培训资料费用、培训讲师费、培训差旅费。

六、企业商学院培训费用不予报销的情形与范围

培训费用不予报销的情形如下：按照企业商学院培训制度执行，培训结果未合格，未取得结业证书的；外出培训人员，中途离场或无故不参加培训的。

七、企业商学院外派培训的考勤管理

所有外派人员培训时，按照考勤管理规定中出差情形办理相应手续；外派培训期间，如逢节假日、晚上，不得报加班或调休；外派人员因重大事宜无法参加培训时，应提前向管理部门说明，部门安排其他人员进行培训或另行安排培训时间。外出培训人员中途离场或无故不参加培训的，经核查情况属实的，外出培训期间按旷工处理，并由受训人自行承担费用，费用从工资中自动扣除。

八、企业商学院外派培训人员的职务代理

外派培训人员在外出培训期间必须提交职务代理人名单，并由其在自己培训期间代理自己的职务。

九、企业商学院外派培训的纪律要求与效果评估

培训期间不得迟到、早退；

培训期间要按公司仪容仪表要求做好外在形象；

不能无故不参加培训，否则按旷工处理；

参加培训时，要抱着认真学习的态度，带好笔和笔记本，认真记录下所有的培训内容，认真消化培训知识，不断充实自己；

培训期间不准故意破坏培训学校的财产或偷窃学校或同事财物；

外派培训人员必须服从企业商学院的一切安排，必须遵守校方或培训机构的管理规章制度，服从培训老师及助教的安

排，遵守国家的法律法规等，不允许做出有损公司形象的事情；

学习期间，外派培训人员必须认真做好笔记，记录心得，回到公司后将笔记交予企业商学院教务处，由其检查学习情况，并由教务处，由其评估考核专员负责跟踪检查训后效果；

外派培训人员培训结束后，要将培训资料、证书复印件、培训心得报告等于培训后7天内，上交企业商学院教务处予以存档，逾期未上交资料的，记严重警告一次，取消本年度内培训资格。企业商学院教务处视情况组织培训后宣讲/内部培训安排，外派培训人员应按要求编写教材并进行传、帮、带式的培训。

第九章

企业商学院领导力开发中心与EMBA管理案例库

企业商学院：让你的企业价值万亿

世界上最有战斗力、凝聚力、学习力，并且存活最久、生命力最强大的组织，都是以教育引导人的心灵和思想为核心的，而领导力是组织发挥的关键核心能力。

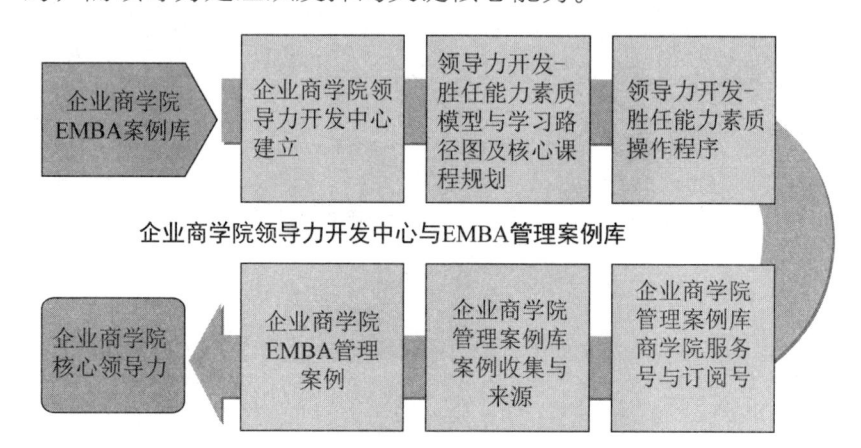

企业商学院领导力开发中心与EMBA管理案例库

一、企业商学院领导力开发中心建立

领导力与领导力开发是指在组织范围内充分地利用人力和客观条件，以最小的成本办成所需的事，提高整个团体的办事效率。现代企业要想在激烈的竞争中生存和发展，企业领导力开发是必不可少的关键战略之一。它关系到组织的发展战略核心与运营实践，关系到组织员工之间的人际关系，与每一名组织成员都息息相关。领导力发展是企业人力资源战略的高层诉求。如何开发组织领导力，领导者如何激励他人自愿在组织中做出卓越成就，已成为国内外企业商学院的核心业务能力。

企业商学院领导力学习地图设计系统

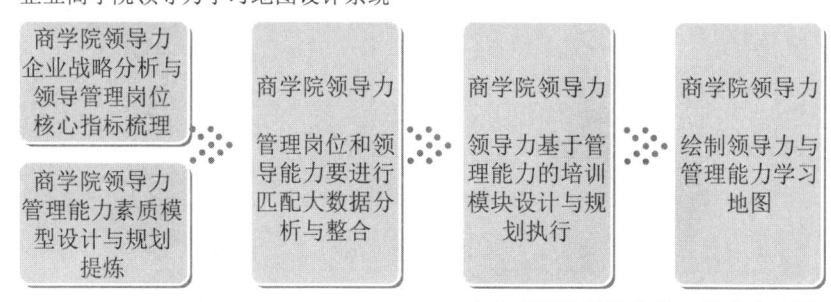

企业商学院领导力学习提升路径图

例如，华为大学华为领导力素质分为两大部分，紧紧围绕"组织""客户""个人"进行核心领导力系统建设。

基线素质部分：积极主动，施加影响，概念思维。

战略领导力素质部分：

发展客户能力：关注客户，建立伙伴关系；

发展组织能力：团队领导力，塑造组织能力，跨部门合作；

发展个人能力：成就导向，组织承诺，战略思维，理解他人。

华为领导力素质

基线素质
- 积极主动
- 施加影响
- 概念思维

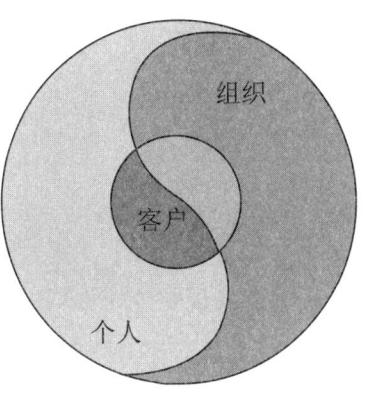

战略领导力素质

发展客户能力
- 关注客户
- 建立伙伴关系

发展组织能力
- 团队领导力
- 塑造组织能力
- 跨部门合作

发展个人能力
- 成就导向
- 组织承诺
- 战略思维
- 理解他人

二、领导力开发-胜任能力素质模型与学习路径图及核心课程规划

领导力开发规划分为：基层干部领导力胜任能力素质模型规划、中层干部领导力胜任能力素质模型规划和高层干部领导力胜任能力素质模型规划。

企业商学院：让你的企业价值万亿

1. 基层干部领导力胜任能力素质模型与课程规划（仅供参考）

基层岗位胜任力	管理技能	计划能力	组织能力	协调能力	控制能力	精细化管控能力
	专业技能	绩效能力	团队能力	执行能力	培训下属能力	时间控制能力
	岗位技能	成本意识能力	岗位经验能力	岗位职责能力	工作程序能力	思想态度能力

2. 中层干部领导力胜任能力素质模型与课程规划（仅供参考）

中层岗位胜任力	管理技能	计划操作能力	组织实践能力	协调沟通能力	控制结果能力	指挥领导能力	事业心能力
	专业技能	绩效考核能力	团队建设管理能力	执行效率能力	培训辅导能力	时间利用能力	演讲教练能力
	岗位技能	成本意识控制能力	岗位专业经验能力	岗位职责责任能力	工作程序标准能力	思想态度端正能力	会议报告高效能力

3. 高层干部领导力胜任能力素质模型与课程规划（仅供参考）

高层岗位胜任力	领导技力	卓越计划能力	卓越组织能力	卓越协调能力	卓越控制能力	卓越指挥能力	卓越领导能力
	专业技能	战略绩效管理能力	战略团队打造能力	卓越领导执力能力	战略人力资源开发能力	战略财务管理控制能力	演讲教练能力
	岗位技能	卓越行政管控能力	岗位专业经验能力	岗位职责责任能力	品牌、企业文化传播能力	思想道德职业化能力	会议报告高效能力

4．企业总裁或总经理领导力胜任能力素质模型与课程规划（仅供参考）

总裁岗位胜任力	质量领导力	品牌领导力	作风领导力	精神领导力	管理领导力	决策领导力	信息领导力	市场领导力
	团队领导力	利润领导力	风险领导力	危机领导力	法规领导力	纪律领导力	大局领导力	方向领导力
	文化领导力	沟通领导力	用权领导力	平衡领导力	资金领导力	互联网领导力	创新领导力	演说领导力

5．董事长领导力胜任能力素质模型与课程规划（仅供参考）

董事长岗位胜任力	战略布局智慧领导力	用人智慧领导力	资本经营智慧领导力
	学习/修身智慧领导力		演讲魅力智慧领导力

三、领导力开发胜任能力素质操作程序

凡基中高层入职、在职（岗）、转正、晋升（提拔）、调薪、降给降职、岗位调整等，都要经过岗位领导力胜任能力素质配套课程专业分批次学习，以学分卡为准操作，更有力地打造企业集团核心领导力，实现企业中长期战略绩效规划目标。

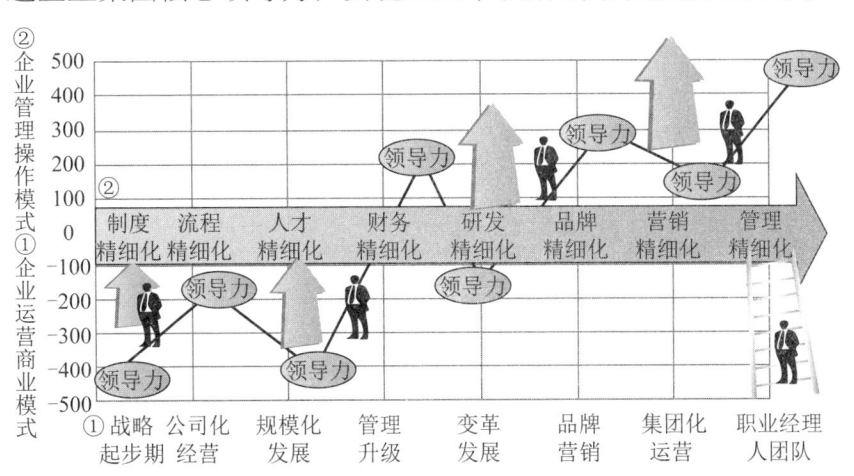

四、企业商学院管理案例库（EMBA）

企业商学院建设企业管理案例库（EMBA）是为了通过案例更好地传承企业文化、品牌、经验、知识、成功与失败等，供大家分享、学习和借鉴经验，也为了企业更好地、全面地发展。企业商学院管理案例库对商学院的规范化建设与企业集团发展起着重要的作用，是通过组织研究团队、通过科学流程，建设符合质量标准的案例库，以此实现整个管理智慧资源共享。目前世界上最好、最完善的管理商学院案例库是美国哈佛大学商学院案例库，它是世界一流的企业管理案例库。

五、企业商学院管理案例库案例收集与来源

集团公司各部门、分子公司各职员、主管、经理、总监、副总、总经理将各部在日常工作中所出现的管理问题、事故、事例都形成电子文案，发企业商学院教务处主任邮箱，由商学院知识管理专职老师负责归类整理和优化，存档于企业商学院OA或电子信息化系统管理平台，供全体职员工分享企业商学院EMBA管理案例。

企业商学院管理案例库建设实例如下：

类别	序号	管理案例库案例类别细分	序号	管理案例库案例类别细分
①营运管理系列案例	1	供应链管理系列案例	7	生产现场管理系列案例
	2	采购管理系列案例	8	精细化管理系列案例
	3	生产运营管理系列案例	9	仓库物流管理系列案例
	4	生产计划管理系列案例	10	订单管理系列案例
	5	试产管理系列案例	11	成本控制系统管理案例
	6	品质管理系列案例	12	供应商管理系列案例

第九章　企业商学院领导力开发中心与EMBA管理案例库

续表

类别	序号	管理案例库案例类别细分	序号	管理案例库案例类别细分
①营运管理系列案例	13	外协厂商管理系列案例	18	生产安全事故管理系列案例
	14	一线员工管理系列案例	19	工厂全面管理系列案例
	15	班组长管理系列案例	20	6S/ISO9000管理系列案例
	16	主管主任管理系列案例	21	生产各级会务管理系列案例
	17	生产厂长经理管理系列案例	22	绩效设计与考核管理系列案例
②人力资源管理系列案例	1	人事事务系列管理案例	7	人力资源绩效设计与考核系列案例
	2	人力资源规划系列管理案例	8	人力资源劳资关系列管理案例
	3	人力资源招聘与配置系列管理案例	9	人力资源胜任力模型系列管理案例
	4	人力资源培训与教育系列管理案例	10	人力资源岗位职责说明书系列案例
	5	人力资源薪酬与福利系列管理案例	11	人力资源职业生涯规划系列案例
	6	人力资源企业文化系列管理案例	12	人力资源梯队人才培养系列案例
③市场营销系列管理案例	1	代理商系列管理案例	10	销售终端开拓系列管理案例
	2	经销商系列管理案例	11	销售终端业绩提升系列管理案例
	3	加盟商系列管理案例	12	新市场拓展系列管理案例
	4	直营店系列管理案例	13	新品牌上市系列管理案例
	5	市场客服系列管理案例	14	品牌与品牌文化传播系列管理案例
	6	销售渠道建设系列管理案例	15	销售业务管理系列管理案例
	7	销售渠道管理系列管理案例	16	销售主管管理系列案例
	8	销售经理系列管理案例	17	销售总监管理系列案例
	9	电子商务系列管理案例	18	销售副总/总经理管理系列案例

续表

类别	序号	管理案例库案例类别细分	序号	管理案例库案例类别细分
④财务会计系列管理案例	1	财务管理系列案例	7	金融风险系统管理案例
	2	会计系列管理案例	8	财务报表分析系列案例
	3	财务账务系列案例	9	管理会计系统案例
	4	财务理财系列案例	10	经济预策与决策系统案例
	5	投资融资系列案例	11	财务管理信息系列案例
	6	资产管理评估系列案例	12	风险投资系列案例
⑤产品研发系列管理案例	1	产品设计系列案例	4	材料采购系列案例
	2	产品系统案例	5	商品购买系列案例
	3	材料系列案例	6	色彩搭配系列案例
⑥审计监察系列管理案例	1	审计管理系列案例	2	监察管理系列案例
⑦新零售系列销售案例	1	新零售系列案例	4	营销系列案例
	2	终端系列案例	5	业绩引爆活动系列案例
	3	销售成交系列案例	6	终端活动系列案例
⑧互联网系列管理案例	1	全渠道营销案例	5	网络营销案例
	2	O2O营销案例	6	互联网人才培训案例
	3	电商营销案例	7	网络渠道营销案例
	4	微信营销案例	8	网络品牌传播案例

第九章　企业商学院领导力开发中心与EMBA管理案例库

续表

类别	序号	管理案例库案例类别细分	序号	管理案例库案例类别细分
⑨新营销系列管理案例	1	新市场营销案例	5	互联网思维案例、微商/投资商/消费商案例
	2	新销售成交案例	6	新客户服务案例、直销/云商营销案例
	3	新企划案例	7	新区域市场拓展案例、新零售模式案例
	4	新促销案例	8	新招商成交案例、电商新模式案例
⑩核心领导力系列管理案例	1	管理案例	5	新电话营销案例
	2	组织案例	6	新代理商公司化运营案例
	3	团队建设案例	7	新经销商运营案例
	4	执行力案例	8	打造顶级销售冠军团队案例

领导力是根据各企业自身需要而设计的。领导力是一个持续发挥的过程，是系统性的：发展他人，辅导成长；自我领导，以身作则；领导他人，运用情境；激励下属，满足需求。

第十章

企业商学院建设模式

企业商学院的办学模式主要有六种：企业自建商学院模式、企业引用IT技术导入模式、企业与社会大学校企合作模式、企业与咨询培训机构合作模式、企业跨界联合企业办企业商学院模式、企业商学院承包办学模式。

企业商学院建设模式

- 企业自建商学院模式
- 企业引用IT技术导入模式
- 企业与社会大学校企合作模式
- 企业与咨询培训机构合作模式
- 企业跨界联合企业办企业商学院模式
- 企业商学院承包办学模式

一、企业自建商学院模式

企业集团通过招聘专业人才担任企业商学院院长进行自建，包括商学院团队建设、商学院组织设计、讲师培训开发、学科管理、课程开发设计、培训组织执行、培训绩效评估等，形成以企业自身的企业文化和管理实践与发展战略规划为主，具有培训体系的企业商学院。

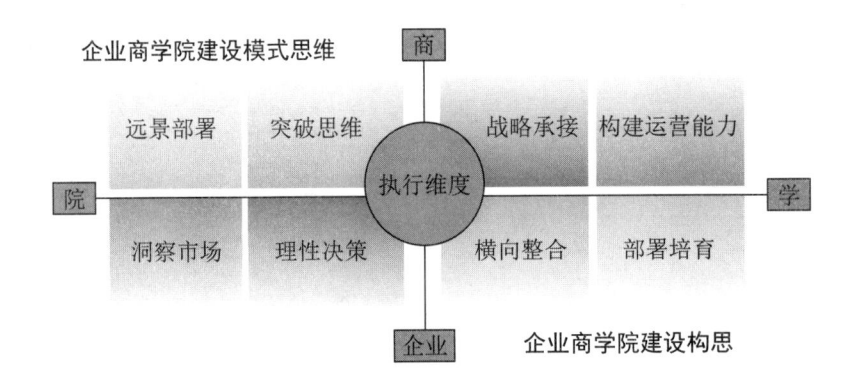

企业商学院建设模式思维

	商	
远景部署　突破思维	战略承接　构建运营能力
院　　　　　　　执行维度　　　　　　　学
洞察市场　理性决策	横向整合　部署培育
	企业	企业商学院建设构思

（1）企业在立项建设自有商学院之前，首先要有远景部署，着远长期企业稳定健康发展之战略。战略一旦确定，对建设商学院投入人、财、物、资源绝对不能手软（不愿意投入）、耳软（偏信他言放弃）、嘴软（有人反对立即改变主意）、腿软（没有执行力），企业决策层一定要有远景部署。

（2）在建设企业商学院过程中，企业一定要有突破性思维的态度（老思想、旧观念、固执思想），不能太过于传统，在舍与得之间，看不清，弄不明，犹豫不决（又想得到，但又不想舍去一些东西），必须有舍去眼下的、收获长远的、未来的魄力。

（3）企业在建立企业商学院过程中必须要时刻洞察市场，思考别的企业为什么做得那么好？市场不好，为什么别的企业销售业绩还是那么好？为什么别的公司的产品如此畅销？为什么别的企业的人员稳定性那么好？为什么别的企业的员工工作积极性那么高，工作能力那么强，员工流失率那么低？这些都要通过敏锐的市场洞察力才能获得。这种洞察力能帮助企业更好地经营。

（4）企业在建设企业商学院过程中一定要理性决策，周详布局，合理设入，利不在眼前而在将来。成功建设企业商学院一般分为以下8个周期：

- 计划政策期（企业立项战略规划，成立商学院建设领导小组，由企业最高领导带领基中高层代表组成，并指定或招聘商学院执行院长级负责人）；
- 软件投入期（执行院长、教务人员、讲师等）；
- 硬件投入期（教学设备、图书、教室、商学院独立办公地点、教材印制、证书订制）；

- 企业商学院初步试运行期（开始运行，根据"轻""重""缓""急"操作）；
- 企业商学院运行期（需要公司所有基中高层领导的支持、指导、配合、帮助、鼓励）；
- 企业商学院稳定期（全面运营开展商学院所有项目培训，不断提高讲师团队能力、课程开发能力、培训组织落地能力、培训绩效转化能力）；
- 企业商学院上升期（加大商学院运营能力，承接企业产业价值链上中下游全面培训业务的开展）；
- 企业商学院盈利期（成为企业单独的事业部，成为盈利单位，为行业、为社会提供培训服务，走向社会，服务社会）。

（5）在建设企业商学院的时候，企业首先考虑的是战略承接问题，企业商学院要与战略对接，承接企业发展，为培养人才而更好地服务企业，上接战略，下接绩效，合二为一。

（6）建设企业商学院是要横向与纵向整合企业内外智慧资源，使行业智慧资源为企业发展之用，只有吸取同行或跨行企业管理经验教训，才能使企业的发展立于不败之地。

（7）布局企业商学院建设发展之道，真正服务企业短中长期发展战略，使企业在每一个发展阶段都能够稳定增长，突破极限，创新发展，将培训与学习有机结合，从而全面为企业发展服务。

（8）企业商学院建成后，企业要构建全面系统的商学院运营能力体系，使商学院在任何时候都处于高速运转、快速反应之中，实现建设的初心，将企业商学院发展与企业发展进行捆绑式的操作，企业商学院与企业的发展要同步、同频道，企业商学院服务企业发展。

（9）企业商学院从建设投入期，到起步期、成长期、稳定期、发展期，到再度发展期，都要坚守创办的初心，每一阶段都要全力以赴，不可以时松时紧，要一如既往地持续投入，经营好企业商学院，为企业持续发展服务。

二、企业引用IT技术导入模式

移动互联网时代，IT技术的发展、E-Learning线上培训教育模式的出现，通过课程及培训管理系统的导入，可以充实企业商学院的培训资源，进行多元化办学。

IT技术的全面导入，会将企业商学院向智能化创新方面引导，学习将更加便利化，知识更新、技术变革和经验转换创意化，不断加快企业商学院的创新发展步伐，而且对企业人才学习力转换效率也是极高的。在线上，不但可以随时随地进行个性化的学习，而且可以通过IT科技技术手段进行学习效果转化。比如：将学习的内容在线上直接分享给其他人，同时也可以开发自身学习后的工作应用课程，在线上讲授，让其他学员受益，形成了学习者与知识、经验、技能贡献者，二者合一。

很多著名企业商学院都将IT技术网络教学培训纳入企业商学院教学战略规划中，为企业商学院全面、系统、科学地开展教学活动起到积极而深远的影响。

三、企业与社会大学校企合作模式

根据企业集团中长期战略发展规划，结合企业商学院教学规划纲要，需要与社会高校校企办学，需要社会大学管理学术（如XXX大学MBA管理学院丰富的企业管理专业知识等）管理院校与专业科技领域支持的（如XXX工业大学合作），需与高校大学一个学院或一个专业科系或一个大专院校共同成立一项项目科研组或共建研究生、博士后实习工作站等，由企业商学院提出申请可行性分析报告，报商学院院长，由商学院院长提交集团董事会讨论审批，批准后由企业商学院教务处调研、分析、立项、洽谈前期准备工作的开展。

校企合作办学的模式，具体可采取以下方式：

（1）与企业管理类的专业院校签订合作协议，以对方培养为主，企业集团提供一定的资金和实习场所，学生毕业后由企业集团按一定的数量择优录取。

（2）与一些大专院校签订合作协议，将一些有意毕业后到企业工作的学生组织起来开设企业班，由企业商学院组织师资为企业班的学生提供企业价值链各环节的实操知识，从而为这些学生将来到企业集团工作做好知识上的准备。

校企合作项目的审批和跟进流程如下：

（1）企业商学院负责组织中期可行性学术交流沟通活动，并将相关联合办学项目提交企业商学院院长，由院长组织相关会议，并上报企业集团董事长审批项目；

（2）联合办校项目签约后，由企业商学院教务处负责后续各项事项的教学跟踪服务工作，定期组织大学老师到企业商学院讲学或企业商学院根据教学要求选派企业集团优秀管理人员到大学学习与深造；

(3)定制企业商学院与大学联合办学的铜牌挂于集团公司处。

四、企业与咨询培训机构合作模式

找寻优秀培训咨询服务机构，与企业深度合作开办企业商学院，如可在课程开发、讲师培训、人才胜任模型开发设计、企业顶层组织设计等方面开展合作。

五、企业跨界联合企业办企业商学院模式

企业走出行业局限，进行跨界融合发展创办企业商学院，取长补短，共同分享各自企业管理智慧资源，抱团取暖，共同发展；利用各自企业优势资源开办企业商学院，创新发展，整合行业与跨行业优秀资源协调发展。

六、企业商学院承包办学模式

根据企业发展情况，外部培训机构或组织进入企业，承包企业商学院的建设，企业提供办公场所或设备，并以付费的形式交于承包方进行项目管理运营。承包方根据企业要求进行办学，量身打造企业培训体系、人才培养、咨询服务、项目整合等。

第十一章

企业商学院资产及其他设施管理规划

企业商学院：让你的企业价值万亿

企业商学院资产及其他设施管理规划

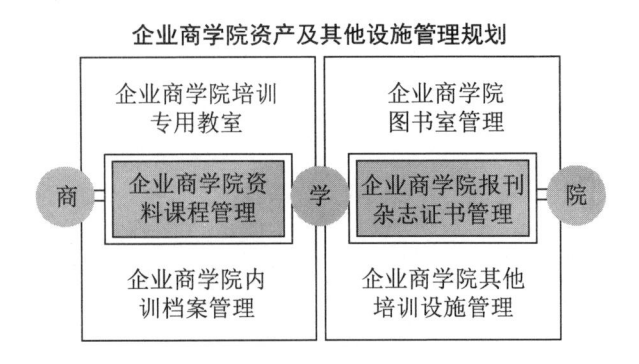

```
┌─────────────────────┬─────────────────────┐
│  企业商学院培训      │   企业商学院         │
│  专用教室            │   图书室管理         │
│  ┌──────────────┐    │   ┌──────────────┐  │
商│  │企业商学院资  │  学│   │企业商学院报刊│  院
│  │料课程管理    │    │   │杂志证书管理  │  │
│  └──────────────┘    │   └──────────────┘  │
│  企业商学院内        │   企业商学院其他     │
│  训档案管理          │   培训设施管理       │
└─────────────────────┴─────────────────────┘
```

一、企业商学院培训专用教室

企业商学院培训专用教室是商学院进行培训及其他相关活动的场所，其他部门或子公司若要使用，必须提前向商学院教务处申请，获得同意后方可使用。

二、企业商学院图书室管理

图书室为集团重要的培训资源。企业商学院为提高其使用效率，可将图书室阅读、借书时间调整为：周一到周五 16：30～20：00，周六、周日和国家法定节假日全天开发，其他时间概不受理。

三、企业商学院内训档案管理

内训档案如下：

（1）内训需求调查表、汇总报告和年度培训计划表。

（2）内训申请档案（内训申请书及相关说明文件、培训协议书等)。

(3)内训实施档案(培训通知、培训签到表、培训实施记录表、培训请假及奖惩记录、培训考试卷、异动培训计划与实施记录、员工岗前培训实施记录表、培训成绩单等)。

(4)内部讲师档案(内部讲师满意度与课程实施记录、内部讲师的选用与考核资料、培训教材及讲义)。

(5)内训评估档案(培训工作总结、评估报告、培训满意度调查表、培训稽查报告、培训心得报告)。

内训档案的管理部门如下:

(1)集团各职能部门与各公司部门负责人及以上人员的培训档案由企业商学院教务处管理;

(2)下属公司人员培训档案由本单位人事行政部管理。

商学院内训档案管理要求如下:

(1)对所有培训档案及培训教材统一标示归档管理,定期对培训档案进行检查,防霉烂、防虫蛀、防火、防水、防遗失,保证其安全性和完整性。培训记录的保存期依"记录管理程序"规定执行。

(2)做好培训档案与培训教材的更新工作,分类归档。定期清理超过保存期的培训档案与过期培训教材,并申请报废处理。培训档案与培训教材的报废处理依据"记录控制程序"规定执行。其他非受控档案保存期最少不低于12个月。

(3)公司聘请外部顾问公司的专业讲师来进行培训课程实施时,外部顾问公司必须提供书面培训教材,培训时可复印下发给学员。企业商学院负责人须在培训结束后将此培训教材原件或复印件分类,统一归档管理,并标示备查。

（4）公司职员工参加外部机构公开课程时，须在培训结束后5个工作日内，将培训教材原件或复印件及培训心得报告交于企业商学院教务处负责人，归档备查。

（5）内训教材的载体可以是书面文字或电子文档形式，内部讲师可以借阅相关主题的书面培训教材。企业商学院教务处负责人必须将培训教材电子文档共享于电脑服务器上，并及时更新，以供总部及下属单位人员查阅。

（6）各部门培训课程结束后，培训专员应及时对"培训签到表"和"培训课程实施记录表"等做好存档工作；公司七职等（含）以上人员须建立独立档案，集团人力资源中心将不定期检查培训记录情况。

四、企业商学院其他培训设施管理

企业商学院的培训设施，如：投影仪、投影幕布、写字白板、白板擦、水性白板笔、培训光碟、书籍、培训室桌椅、音响及配套设施等，由企业商学院教务处专人统一管理。

下列图片为中国著名企业大学——国药大学所拥有的科学、先进、齐备、配套的教学设备硬件，阶梯教室、活动教室、阅览室、多媒体教室、讨论室、会议室、多功能厅、餐厅、ＶＩＰ室、办公室、台球室、健身室、乒乓球室、KTV室、咖啡厅等一应俱全。

餐厅　VIP室　办公室　台球室

大楼外观　阶梯教室　活动教室　阅览室

健身室　乒乓球室　KTV室　咖啡厅

多媒体教室　讨论室　会议室　多功能厅

五、企业商学院课程资料管理

01 商学院 电子资料
02 商学院 纸质类与印刷类资料
03 商学院 各类光盘资料
04 商学院 各类PPT课程资料
05 商学院 各类案例资料

企业商学院课程资料管理是保障商学院教学正常开展的关键，是指课程开发项目实施完毕后，交商学院教务处课程管理老师验收的全部文档资料，具体包括各类电子资料、纸质类与印刷类资料、各类光盘资料、各类PPT课程资料、各类案例资料等，涉及教材（讲义）资料、教学大纲资料、习题集资料和成果验收资料。

（1）教材（讲义）资料：包括讲师讲义和学员讲义等资料。

（2）教学大纲资料：包括课程任务、教学目的和要求、教学方法与手段、课程内容、教学重点和难点、教学设施和教具、实验实习安排、学时分配等资料。

（3）习题集资料：所有课程开发项目，均应按照要求，编撰习题集等资料。

（4）成果验收资料：课程开发完毕，商学院教务处组织公司相关部门负责人以及部分员工组成项目成果评审会进行审核验收；验收通过后，项目成果资料归商学院教务处知识管理系统统一管理。

六、企业商学院报刊杂志证书管理

企业商学院为持续办好教学项目，要办理企业商学院自办报刊，宣传、传播商学院的文化、远景、使命，推广企业商学院培训项目，真正为企业开发人才、培训人才、培养人才和孵化人才，真正为企业持续发展保驾护航。

为规范企业商学院办学模式，商学院各类培训班结课后，必须为学员颁发项目培训专业证书。此证书要专业设计，统一由商学院外发定制、生产加工。同时，为了更好地激励学员认真学习，对于表现优秀的学员，商学院一定要颁发相关荣誉证书，这样企业商学院才能办得更好，走得更远，更好地为企业定制化培养批量的核心人才，服务企业持续发展。

广东新怡集团的新怡商学院领导层、讲师团队、教员等任职专业证书示例如下：

第十一章 企业商学院资产及其他设施管理规划

企业商学院的证书系统建设，是规范商学院发展，将各项培训开展的更顺利的核心竞争力，同时积极塑造了企业商学院品牌的良好形象，为企业商学院走向社会化，整合社会资源打下了坚实的基础。

第十二章

企业商学院互联网学习新模式

企业商学院是企业持续稳定增长发展的关键核心竞争力，同时企业商学院也是企业发展的助推器，如何将所有的智慧资源快速高效地转化成生产力，提升企业业绩是其关键重要的一环。O2O模式是比较快捷方便的操作模式之一，O2O学习模式比较方便、快速、有效，通过O2O模式，企业商学院的学员可以在课堂与网络上学习理论与知识，在工作岗位或一线市场进行实战实操训练，学与训相结合，方法与技巧相结合，共进齐训。

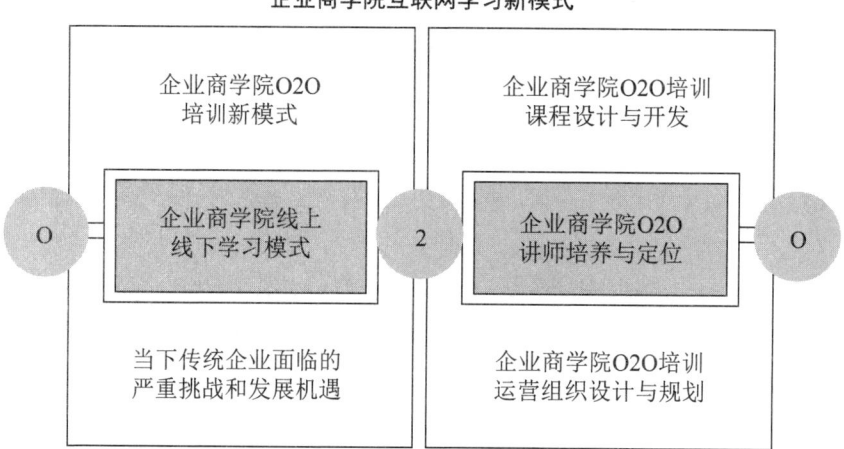

企业商学院互联网学习新模式

```
         企业商学院O2O              企业商学院O2O培训
          培训新模式                   课程设计与开发
    ┌─────────────────┐         ┌─────────────────┐
  O │  企业商学院线上  │    2    │  企业商学院O2O   │  O
    │  线下学习模式    │         │  讲师培养与定位  │
    └─────────────────┘         └─────────────────┘
       当下传统企业面临的            企业商学院O2O培训
        严重挑战和发展机遇           运营组织设计与规划
```

一、企业商学院O2O培训新模式

O2O（Online To Offline），是一种线上线下营销、销售的新商业模式，其重点是在线上推广、宣传、分享、互动、造势，线下体验、销售、购买、成交，这种模式省去了很多中间环节，便于销售成交。微商培训新模式、直销培训新模式、消费商培训新模式、微信培训新模式、移动互联网培训新模式及招商行销培训新模式等都可助力企业商学院的多元化发展。

二、企业商学院线上线下学习模式

当企业商学院系统性地开展O2O式各项培训项目后,线上与线下培训可以相融合,可以通过建立微信群进行即时学习,可以通过远程上微课,发展多元化培训新模式。

三、企业商学院O2O培训课程设计与开发

企业商学院课程开发也可以通过O2O的模式进行,方便课程开发者的沟通与交流,时间方便,成本较低,且快速,如:

- 企业经营:战略定位、品牌管理、产品研发、跨行资源整合、管理能力、运营队伍创意与执行等;
- 市场:市场开发、营销潜力、客户密集度、渠道拓展等;
- 行业:本行业集中度、竞品业态、产品和服务、优势劣势、差异化;
- 客户:结构、性质、购买方式、消费习惯、消费观念认知度;
- 生态链:上游、定位、产品、策划、媒体、线上、推广、线上线下招商等。

以上课程均可通过线上网络、微信、微博、商城等渠道进行课程征集、培训、传播、交流、沟通等。

四、企业商学院O2O培训运营组织设计与规划

O2O培训模式服务企业内部营销创新、外部供应链营销创新,服务市场客户与终端市场需求。线上线下培训相结合让企业商学院真正服务企业发展,服务客户需求,满足消费者。

企业商学院：让你的企业价值万亿

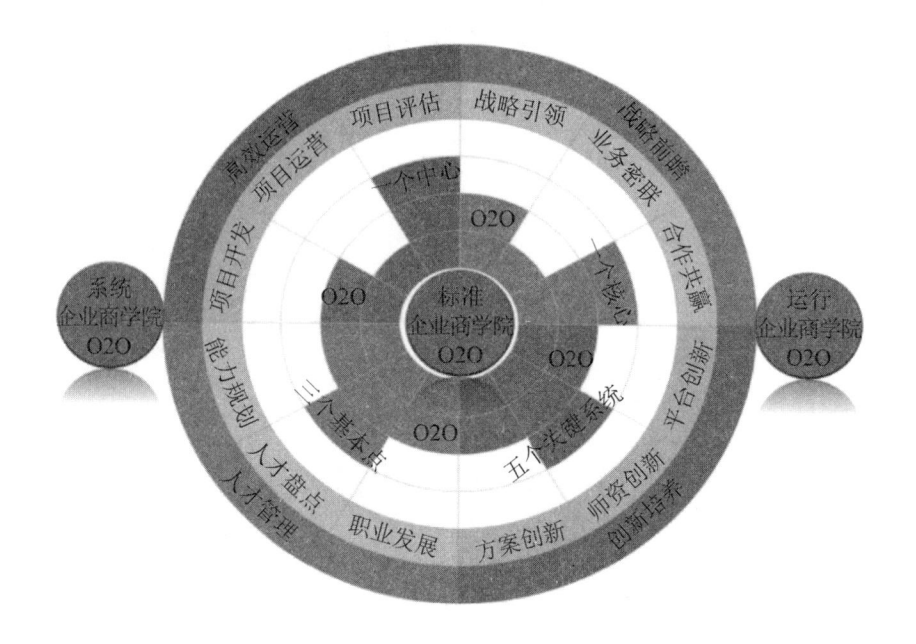

上图为于企业商学院O2O式培训学习模式系统的建立：商学院O2O培训学习系统，商学院O2O标准化系统，商学院O2O运行执行系统。

第十三章

企业商学院向利润中心转型升级模式

企业商学院向利润中心转型升级模式

一、企业商学院初建期

企业商学院初建期企业会投入人力、物力、财力，这期间企业顶层领导要全力支持企业商学院的各项启动工作，对审批各类有关企业商学院文件都要第一时间进行，先期的执行力主要体现在企业高层全力支持与配合，否则会影响商学院的建设进度与质量。

（1）由执行院长制订企业商学院建设战略规划方案，报公司最高管理层讨论审批，最后方案以计划表的形式落实下来，开始企业商学院的全面建设，如学院委员会的组织成立、商学院运营组织架构图定位、商学院各岗位人员定岗定编、编写商学院运营手册、开第一次商学院教务会议、确定商学院建立启动大会召开的日期，组织商学院成立大会的召开。

（2）开始企业商学院教务团队规范管理与讲师微培训。

（3）展开企业培训需求调研、诊断、分析、梳理，形成初步培训体系。

（4）确定内部专业讲师能力的开发与内部兼职讲师的培训规划课程。

（5）商学院第一阶段课程开发设计与诊断。

（6）商学院将全面开展各项内外培训、咨询、诊断，来服务企业管理发展所需各项业务。

二、企业商学院成长期

企业商学院在成长期阶段，需要注意以下几点：

（1）需要企业高层领导全力支持，不计一些小的得失，持续改善，将企业商学院各项工作开展好。在成长期，企业商学院管理层领导力系统建设很重要，商学院领导班子是关键，搭班子、建团队、带队伍，是企业商学院发展的核心力量。

（2）对于重点培训项目，商学院一定要周而复始，高效运作，发挥其影响力，为商学院全面开展各类培训项目打下坚实的基础。

（3）企业商学院成长期应多开内部管理会议，寻找问题，发现问题并立即解决，不可拖延。在企业商学院团队建设方面、课程开发方面、讲师团队建设方面、培训组织方面、绩效转化方面、项目管理运营方面等都要做到精耕细作，精益求精。

三、企业商学院发展期

企业商学院建设处在发展期时，企业一定要在人力、财力、物力方面，全面大力支持，根据企业商学院发展战略的规划，进行投入建设，将在发展中遇到的问题，看成是企业商学院发展过程中的正常问题进行处理。

企业商学院发展期重点要培养一批专业核心讲师团队，为企业后续转型升级提供条件与机会。企业商学院同时在发展期要开发设计一些很有竞争力的核心专业课程，作为商学院发展的拳头产品。同时，商学院还要培养一批项目运营管理咨询师，为企业走出去，服务其他企业，最终实现盈利打下坚实的基础。

企业商学院在发展期要建立一些有特色的、权威性的培训、训练、咨询服务案例库，为后续做大做强商学院打下坚实的基础。

四、企业商学院转型升级期

企业商学院转型升级期是基于企业商学院的管理已经全面成熟、稳固、做强后，规划与策划企业商学院从内部培训、咨询、训练、项目管理等走向外部，为广大企业培训、咨询、训练、项目管理等提供收费操作运营模式的转变战略发展的服务。

一般企业商学院从建设到转型升级，需经过2~5年的建设投入发展。如果企业商学院建设团队足够专业、强大，企业又全面大力支持，其实1~2年内可以打造成优秀的企业商学院。

企业商学院转型升级期必须要定位核心与专业讲师体系、核心课程体系、核心项目体系、核心训练体系和核心业务成交体系等。

五、企业商学院后期转化规划

从企业发展与管理的角度来讲，企业商学院是长期盈利中心，因为人才与知识是无价的资源。

从企业营销与财务的角度上来讲，企业商学院是绩效中心，因为固定的投入，产出的智慧与能量是无形的，也是无限的资源。

从企业长远发展与人力资源管理角度来讲，企业商学院是利润中心，能够帮助企业培养、稳定人员，开发人才，提升职员工综合管理技能与软实力，增强企业在市场发展中的核心竞争力。

建立企业商学院对企业持续发展、长远稳健经营而言是非常重要的一项战略性投资。

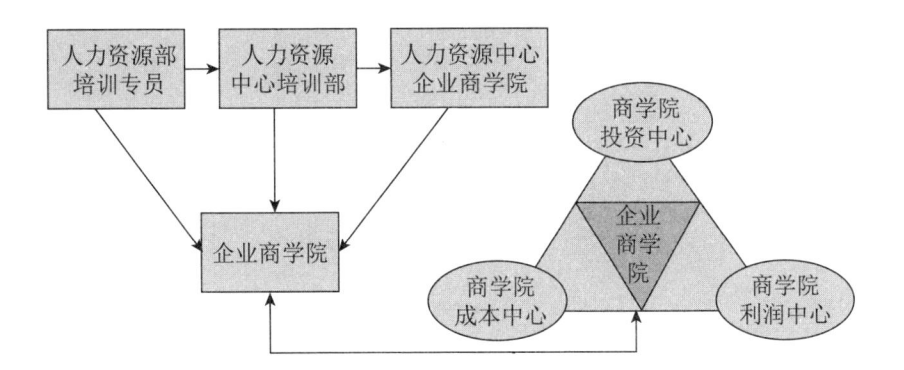

六、企业商学院从投入到盈利指标数

序号	盈利关键指标	盈利关键指标项目	指数	备注
01	商学院实力	必须过硬，才可以吸引人学习	100%	企业商学院从投入期到成熟期再到转型升级为利润期，是有一个系统成长过程。每阶段所发展的作用与价值不一样，必须有规律性
02	软硬件建设	教学场所/设备/图书/证书/电教化系统	100%	
03	教学运营建设	教学运营系统必须优秀	100%	
04	讲师团队建设	讲师团队专业/有核心竞争力	100%	
05	课程体系	各类课程必须精品/有行业或社会竞争力	100%	
06	培训业务体系	有业务团队来营销商学院的课程，达到招生目的	100%	
07	市场影响力	商学院在行业/社会有品牌，或在区域有一定影响力	100%	

第十四章

如何才能建好企业商学院

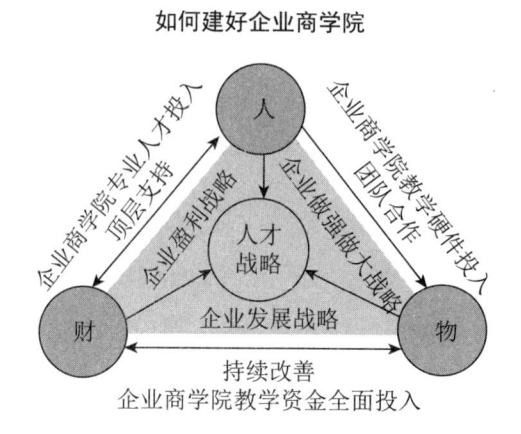

企业商学院：让你的企业价值万亿

如何建好企业商学院

```
         人
       ／│＼
      ／ │ ＼
  财 ─── 人才战略 ─── 物
     企业发展战略
```

企业商学院专业人才投入 / 顶层支持
企业商学院教学硬件投入 / 团队合作
企业盈利战略
企业做强做大战略
持续改善
企业商学院教学资金全面投入

一、企业对人、财、物进行建设性投入

　　企业商学院建设需要企业对人、财、物进行建设投入，这是关键的第一步，企业商学院同时也是企业发展中一个战略性的重要部门组织，对企业持续发展、做强做大，所起的作用与价值及使命意义重大而深远，同时也要企业顶层领导全力支持与协调帮助，才能真正实现企业商学院的建立，不断成长，发展完善，最后才能发挥企业商学院应有的价值与作用。

二、建设企业商学院的十二种互联网思维

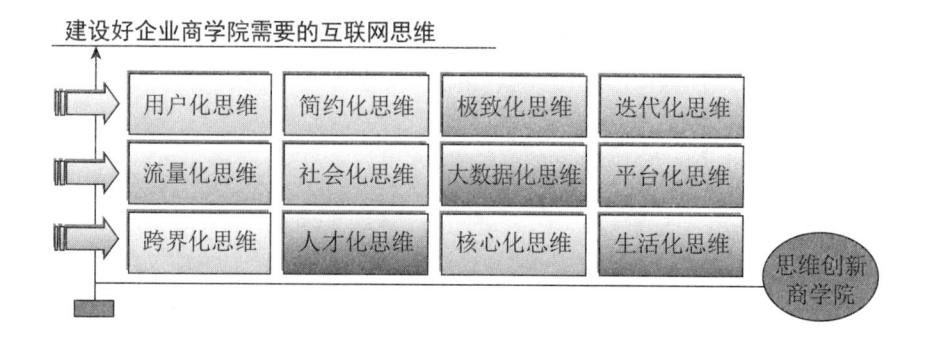

建设好企业商学院需要的互联网思维

用户化思维	简约化思维	极致化思维	迭代化思维
流量化思维	社会化思维	大数据化思维	平台化思维
跨界化思维	人才化思维	核心化思维	生活化思维

思维创新商学院

建设企业商学院，必须要有系统的思维能力：

- 用户化思维，以学习者为依据建设，为学习者服务；
- 简约化思维，教学操作简单、方便、高效；
- 极致化思维，做到精益求精；
- 迭代化思维，商学院建设要不断创新发展；
- 流量化思维，学院办得好不好，学员学习的热情是检验的标准；
- 社会化思维，商学院要经得起市场的检验，培训的知识、技能、经验要落地可行；
- 大数据化思维，商学院建设要数据化，精准、定位、可行、专业；
- 平台化思维，商学院是为企业服务的人才加工、孵化平台；
- 跨界化思维，建立商学院要多与同行或跨行学习知识、技能、管理经验，让商学院真正成为企业服务的根本；
- 人才化思维，建立商学院的重点是孵化企业人才，为企业长期发展服务，所以必须以培养人才为核心导向；
- 核心化思维，建立商学院核心定位是关键，聚焦力量，突出重点，抓好难点；
- 生活化思维，商学院的培训教学一定要落地，切合实际，一切为了企业发展的人才队伍建设。

三、建设好企业商学院需要科学的系统

（1）一个中心：以服务企业发展为中心，一切从服务出发，服务企业人才发展需要；

企业商学院：让你的企业价值万亿

如何建设好企业商学院思维导图

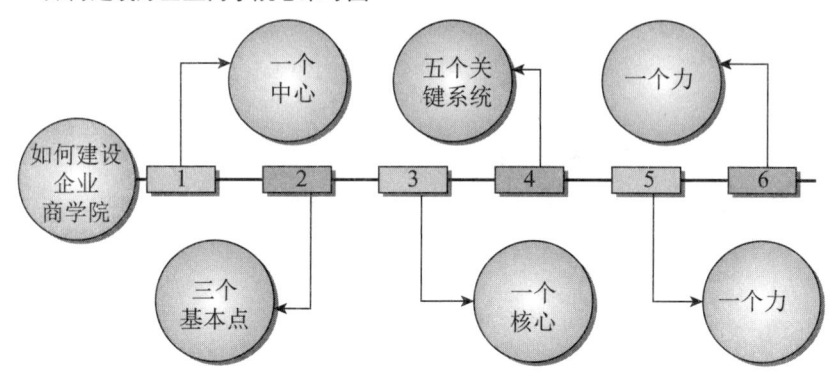

（2）三个基本点：第一个以"定位"为基本点，第二个以"聚焦"为基本点，第三个以"专业"为基本点；

（3）一个核心：以商学院培训绩效转化为核心系统；

（4）五个关键系统：第一个是企业商学院运营手册系统建设；第二个是商学院讲师培训训练系统建设；第三个是商学院教学课程开发设计系统建设；第四个是商学院培训组织系统建设；第五个是商学院培训评估系统建设；

（5）一个力：领导力，建设企业商学院必须要有强大的领导力，领导企业商学院全面运作与执行任务；

（6）一个力：顶层力，是成功建设企业商学院的根本所在，在不同的发展阶段要有不同的顶层领导支持力度，初建时要100%支持，起步时也要100%支持，完善时还要100%支持，稳定时要80%支持，上升时也要80%支持，发展时更要100%支持。

四、建设企业商学院的系统指标

12个一级指标、48个二级指标，这是企业商学院的胜任力系统指标。

1. 战略性	2. 组织学习	3. 学习体系	4. 学习技术
① 目标一致性 ② 业务一致性 ③ 学习指导委员会 ④ 校长/院长/CLO ⑤ 经费投入	⑥ 学习设施 ⑦ 学习制度 ⑧ 学习环境 ⑨ 机构设置 ⑩ 学习规划 ⑪ 学习密度深度	⑫ 学习设计 ⑬ 师资体系 ⑭ 资源体系 ⑮ 评估系体 ⑯ 运营体系	⑰ E-learning ⑱ 虚拟社区 ⑲ 学习方法 ⑳ 非正式学习
5. 全球化与合作	6. 领导力发展	7. 人才发展	8. 组织知识
㉑ 全球化 ㉒ 产业链联盟 ㉓ 学习服务商合作 ㉔ 高校政府协会合作	㉕ 领导力课程体系 ㉖ 开发方法与工具 ㉗ 继任计划	㉘ 胜任力 ㉙ 职业生涯规划 ㉚ 新员工培训 ㉛ 个性化学习	㉜ 出版物 ㉝ 信息化知识 ㉞ 知识管理 ㉟ 知识共享
9. 品牌影响力	10. 经济型	11. 社会教育贡献	12. 绩效与变革
㊱ 品牌开发 ㊲ 学习黏性 ㊳ 社会影响力 ㊴ 研究与创新	㊵ 财务管理模式 ㊶ 相对独立 ㊷ 项目ROI	㊸ 社会教育 ㊹ 资源共享 ㊺ 教育合作与支柱	㊻ 绩效提升 ㊼ 组织变革 ㊽ 企业文化

五、建设好企业商学院关键是"抓""实""严""诚"

企业商学院提升执行力——发扬"抓""实""严""诚"的精神

围绕"抓"字	● 即抓重点，抓规范，抓落实，抓提高。抓典型，直至抓出成效，全力以赴！
追求"实"字	● 即商学院常规组织各种活动，发扬教学精神、商学院精神，形成奋发向上的凝聚力、向心力和协助力！
紧扣"严"字	● 即通过严格领导，从具体事情抓起，各老师积极配合，逐个分析与解决培训教学中存在的问题与根源！
体现"诚"字	● 商学院团队成员都用心做事，心向一处使，同心同力，担当负责，说到做到，打造企业商学院核心文化！

"抓""实""严""诚"是建好企业商学院的四个关键点，将这四个关键点做好，商学院也就建设好了。

六、建设好企业商学院的五个关键环节

（1）企业要将企业商学院列入企业发展中长期战略业务营运规划方案，明确企业商学院在企业发展中的定位、价值、作用及位置；

（2）企业要有专业的部门及专业人员来组织、运营、指导、管理、操作；

（3）企业商学院要有完善的管理系统、程序、制度与企业商学院运营流程标准；

（4）企业商学院要有在企业集团参政议政的知会权限与参与权，同时要在企业的发展空间与平台中提供条件与全力支持；

（5）企业商学院负责人要参与企业各项经营活动，更好地为企业提供落地式的培训服务，以项目运作形式导入培训。

七、企业要为成功办成企业商学院塑造五大环境

人：企业商学院团队工作人员、讲师、学员、顶层领导支持与肯定；

财：相当的培训费用预算、经费支付权限支持；

物：企业商学院设备、教室、办公场所、图书、录音录像等影视器材、工作方式等支持；

企业商学院对外可以收费形式运行：在商学院培训、咨询服务实力达到了与社会专业机构相当时，可以向外开展力所能及的收费培训、咨询服务，为企业创收。

企业商学院对内培训的各部门、各学员，以学分卡、人力源资管理与绩效、薪酬挂钩方式进行管理运作。

八、企业商学院核心竞争力机制及学习型组织营造

企业商学院的核心竞争力是"服务能力",整个企业商学院最重要的是要有服务思维,将每一项培训、咨询、训练、项目、活动做好,就是最好地为企业发展服务。

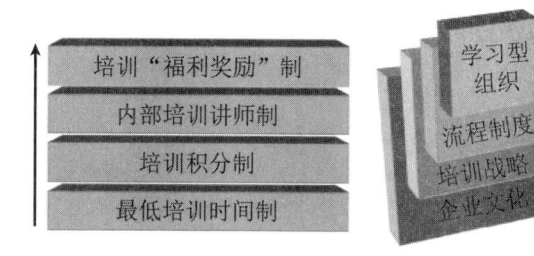

（1）企业在建设企业商学院过程中,要建立起商学院学习型组织系统、培训流程制度系统、培训战略转化系统、商学院企业文化系统,让系统服务于企业商学院组织建设。

（2）企业在建设企业商学院过程中,要建立培训"福利奖励"制系统、内部培训讲师制系统、培训积分制系统、最低培训时间制系统,规范企业商学院内部运营管理与培训发展建设。

九、企业商学院建设PDCA模式

建设企业商学院要PDCA循环管理,不断计划、不断执行、不断改善,不断提升,使企业商学院建设得更好。

十、成功建设企业商学院三大系统

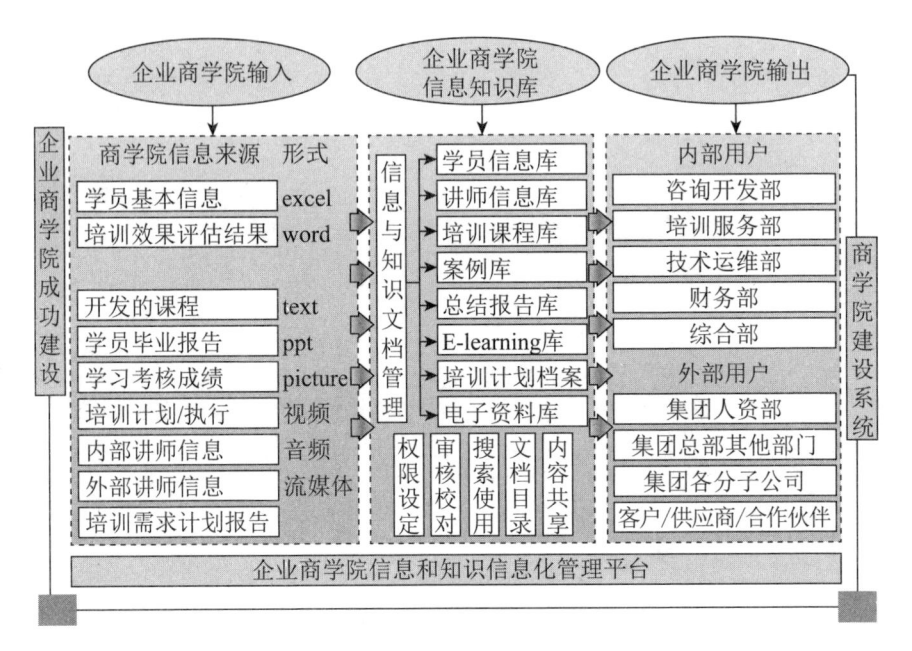

企业商学院输入	企业商学院信息知识库	企业商学院输出
商学院信息来源　形式	信息与知识文档管理	内部用户
学员基本信息　excel	学员信息库	咨询开发部
培训效果评估结果　word	讲师信息库	培训服务部
	培训课程库	技术运维部
开发的课程　text	案例库	财务部
学员毕业报告　ppt	总结报告库	综合部
学习考核成绩　picture	E-learning库	外部用户
培训计划/执行　视频	培训计划档案	集团人资部
内部讲师信息　音频	电子资料库	集团总部其他部门
外部讲师信息　流媒体	权限设定　审核校对　搜索使用　文档目录　内容共享	集团各分子公司
培训需求计划报告		客户/供应商/合作伙伴

企业商学院信息和知识信息化管理平台

在建设企业商学院的过程中，要建成三大系统：

（1）企业商学院输入系统很重要：如商学院所有信息资源的共享化、学员基本情况、培训效果评估结果、开发的课程、学员毕业报告、学员考核成绩、培训计划执行、商学院内部讲师信息、外部讲师信息、培训需求计划报告等系统建设。

（2）企业商学院信息知识库：学员信息库、讲师信息库、案例库、总结报告库、E-learning库、培训计划档案、电子资料库等系统建设。

（3）企业商学院输出：内部用户、咨询开发部、培训服务部、技术运维部、财务部、综合部、外部用户、集团人资部、集团总部其他部门、集团各子公司、客户/供应部/合作伙伴等系统建设。

十一、从传统培训到企业商学院跨越系统

1. 对企业经营者而言，企业商学院的价值

企业商学院的应用价值

对企业经营者
对培训管理者
对员工
对整个产业链

商学院

企业商学院价值之一
- 轻松拥有自己的企业商学院
- 迅速扩大培训覆盖面与深度
- 提高学习氛围，促进企业向学习型组织转变
- 大幅降低培训成本，提高员工稳定率
- 迅速提高员工技能，提高企业生产率与企业获利能力
- 提高员工忠诚度，增强企业凝聚力、向心力

（1）轻松拥有自己的企业商学院，对移动互联网时代的企业经营管理时间有益，系统性地为企业培训人才，将人才变得更加优秀卓越；

（2）迅速扩大培训覆盖面与深度，将过往的分散学习演变为专业、系统的培训与学习；

（3）提高学习氛围，促进企业向学习型组织转变，形成一种企业学习发展模式，企业就是学校，工作者就是学习者，打通工作与学习的融合性；

（4）大幅降低培训成本，提高员工稳定率；

（5）迅速提高员工技能，提高企业生产率与企业获利能力；

（6）提高员工忠诚度，增强企业凝聚力、向心力。

企业商学院：让你的企业价值万亿

2. 对于培训管理者，企业商学院的价值

企业商学院的应用价值
对企业经营者
对培训管理者
对员工
对整个产业链
商学院

企业商学院价值之二
- 可因人、因岗设置课程体系
- 可动态跟踪和监控培训过程
- 培训效果可评估、可量化、转变成生产力
- 更好的培训效果
- 大大提高培训管理者的工作效率
- 轻松开展全员培训，扩大受众范围

（1）可因人、因岗设置课程体系；

（2）可动态跟踪和监控培训过程；

（3）培训效果可评估、可量化，转变成生产力；

（4）更好的培训效果；

（5）大大提高培训管理者的工作效率；

（6）轻松开展全员培训，扩大受众范围。

3. 对于员工，企业商学院的价值

企业商学院的应用价值
对企业经营者
对培训管理者
对员工
对整个产业链
商学院

企业商学院价值之三
- 随时随地学习
- 丰富的学习资源
- 第一时间获得所需知识和技能
- 在工作和生活中自主安排学习
- 促进个人知识和技能的全面发展

（1）随时随地学习；

（2）丰富的学习资源；

（3）第一时间获得所需知识和技能；

（4）在工作和生活中自主安排学习；

（5）促进个人知识和技能的全面发展。

4. 对于整个产业链，企业商学院的价值

企业商学院的应用价值
对企业经营者
对培训管理者
对员工
对整个产业链
商学院

企业商学院价值之四
- 为供应链厂商、协力商进行全面培训服务
- 对品牌代理商、经销售商进行全面培训服务
- 对品牌终端商进行全面培训服务
- 对同行进行收费培训服务
- 对社会需要的客户进行收费培训服务

（1）对供应链厂商、协力商进行全面培训服务；

（2）对品牌代理商、经销售商进行全面培训服务；

（3）对品牌终端商进行全面培训服务；

（4）对同行进行收费培训服务；

（5）对社会需要的客户进行收费培训服务。

十二、建设企业商学院运营管理手册是关键

企业商学院运营手册是企业商学院成功建设的关键，是企业规范化运作管理的指导性手册。企业商学院根据商学院运营手册开展各项工作，聚焦力量，服务企业发展。

第十五章

企业商学院部分专业表格

企业商学院：让你的企业价值万亿

企业商学院学员学分统计卡

年课程专业					
姓名		性别	出生日期	民族	
学历		所属院系		联系方式	

本人学习课程

序号	课程名称	学时	学分	讲师	上课时间	考试成绩

企业商学院教务处

企业商学院学员培训计划与实施记录表

姓名：　　　　岗位（职务）：　　　　部门：　　　　入职日期：

序号	培训内容	重点、难点内容	课时	部门讲师（老员工）	实施日期	培训讲师（老员工）评价			员工签名	新员工上级签名确认
						掌握情况	其他评价意见	签名		
1										
2										
3										
4										
5										
6										
7										
8										
9										
10										

说明：掌握情况栏请填"熟练掌握""基本掌握""有待提高"。

企业商学院培训需求表

表码：
编号：

部门				填写人		
经理姓名				填写时间		
序号	培训内容	培训对象	达到的目的	内/外训	计划培训时间	备注

制表：　　　　　审核：　　　　　审批：

企业商学院培训课程实施记录表

课程名称	
培训目的（或目标）	
培训内容（重点难点）	
培训方法	
培训讲师	
教学材料（器材）	
培训日期	
培训时间	
培训地点	
培训对象	
评估方式	
备注	

记录人：

企业商学院：让你的企业价值万亿

企业商学院外训申请表

填表时间：　　年　　月　　日　　　　　　　　　　　表码：
　　　　　　　　　　　　　　　　　　　　　　　　　　编号：

申请部门			参训人员	
课程名称				
培训目的（或目标）				
课程内容				
培训时间		年　月　日 — 年　月　日，共　天　夜		
培训机构	名称			
	电话		培训费用	
	地址			
培训讲师	姓名		电话/电邮	
部门负责人要求的学习目标与重点				

呈送相关人员审批	申请人签名	部门负责人审核意见	商学院负责人审核意见	总裁或董事长审核意见
		签名： 年　月　日	签名： 年　月　日	签名： 年　月　日

注意事项：请详填内容，请附外训单位的详细课程资料，经部门负责人、企业商学院负责人和总经理签核后，送商学院教务处备案，学习卡或免费课程只需商学院执行院长签批。

企业商学院内部讲师申请信息登记表

填表时间： 年 月 日

姓名		性别	□男；□女	学历		专业	
公司		部门		职位		职称	

本人可以讲授的课程（请按您所讲授课程的擅长程度自上而下填写，如表格不够用可以附页）

课程名称	课程内容概要/知识点	授课形式	适合对象	课时

您接受的授课时间安排	□不限；□工作日晚上；□周六；□周日；□其他
在授课方面您还需要获得公司哪些支持和帮助	□不需要；□讲课技巧；□课程开发技巧；□与课程相关的资料或案例；□与课程相关的外训机会；□领导支持；□其他
您对培训工作有何建议	

企业商学院：让你的企业价值万亿

企业商学院学员学分卡

姓名		性别		出生日期		民族	
学历		所属院系				联系方式	
本人学习课程							

序号	课程名称	学时	学分	讲师	上课时间	成绩

企业商学院培训室借用登记表

预定日期	借用部门	借用时间	借用人	归还日期	签名	备注

企业商学院： 让你的企业价值万亿

企业商学院培训讲师授课评估表

部　　门：　　　　　　　　　　　　　　　姓　　名：
培训内容：　　　　　　　　　　　　　　　培训时间：

维度	评估项目	很差	差	一般	好	很好	优秀
课程内容	01. 课程主题是否明确，课程框架是否符合逻辑	5	6	7	8	9	10
	02. 课程内容是否具有针对性、实用性	5	6	7	8	9	10
	03. 课程内容是否新颖、充实	5	6	7	8	9	10
	04. 课程内容是否对工作具有指导与参考意义	5	6	7	8	9	10
讲师表达	05. 讲师对培训内容是否全面、到位	5	6	7	8	9	10
	06. 讲师表达是否清楚、富有感染力	5	6	7	8	9	10
	07. 讲师对培训内容是否有独特精辟见解	5	6	7	8	9	10
	08. 讲师是否与学员进行有效互动	5	6	7	8	9	10
培训教材	09. 培训教材设计思路是否清晰	5	6	7	8	9	10
	10. 培训教材整体内容是否系统	5	6	7	8	9	10
	11. 培训教材重点内容是否详细	5	6	7	8	9	10
	12. 是否增加新的培训学习资料	5	6	7	8	9	10
教学方法与工具	13. 讲师运用的培训方法是否丰富多样	5	6	7	8	9	10
	14. 讲师是否运用案例、故事、游戏来说明培训内容	5	6	7	8	9	10
	15. 讲师是否充分使用教学相关工具与教学设备	5	6	7	8	9	10
	16. 讲师是否利用课堂讨论来深化培训内容	5	6	7	8	9	10
其他	17. 此次培训对您个人工作是否有帮助	5	6	7	8	9	10

您给予这次培训的总评分是（以100分计）：

您认为讲师不足之处在哪里？	您对讲师有哪些意见与建议？

第十五章 企业商学院部分专业表格

企业商学院培训讲师任职资格考核评分表

项目	分类	（得分5分最高，1分最低）					评分标准与解释（以下表述为5分的条件）
1	课堂讲师肢体语言	5	4	3	2	1	
1.1	站姿、行姿、手势表现是否得当						站姿：双腿笔直，不弯曲；双脚并拢，脚跟接近但有缝隙；脚尖呈60度；挺胸 行姿：根据讲授内容有一定的走动，但是不会连续来回的徘徊，让人头晕；走动时眼神始终保持与学员接触，并没有背对学员的情况出现 手势：双手自然摊开在小腹位置，有一定的变化；没有叉腰、叉裤兜、抱胸、背手的习惯性动作
1.2	紧张情绪控制是否适宜						表达准确清晰，语速在120~150个字/分钟；无口头禅 脸不红，不出冷汗，表情自然、大方、得体 眼神镇定，不四周张望 没有多余的和习惯性出现的肢体动作
1.3	目光是否关注每个学员						没有持续地盯天花板、地板和黑板 没有持续地看某些学员，而从不关注其他学员造成的偏台
1.4	面部表情是否亲切						面部表情有亲和力 面部表情随着讲授内容而有变化，并配合讲授的内容
1.5	板书是否适当和清晰						讲授内容的重点、关键点和难点在PPT中没有表明，为方便学员理解和深刻认识，在白板中板

续表

项目	分类	（得分5分最高，1分最低）				评分标准与解释（以下表述为5分的条件）
1.5	板书是否适当和清晰					书并强调，方便学员做笔记和记忆 板书字迹工整、清楚，大小适中，每个学员都能看见板书
2	授课表达技巧	5	4	3	2	1
2.1	表达是否清楚易懂					所有专业术语和名词都有通俗的解释和说明，能将复杂的原理解释透彻和清楚，让每个学员都能掌握和理解 口齿清楚、吐字清晰，普通话发音不影响学员的收听；不吞字、不拖泥带水
2.2	声音是否抑扬顿挫					声调、语速和节奏有变化，根据授课内容音量时高时低，如行云流水，如同歌曲有旋律的感觉
2.3	没有多余的口头禅和无意义的废话					没有"啊""然后""接着"等频繁出现的口头禅，以及与内容无关的废话和累赘的语言及声音助词
2.4	是否能用声音强调重点					讲授内容出现重要的概念、故事，在精彩的地方需要声音的特殊处理，或者高，或者低，与平时的声音不同，吸引听众的听觉神经
2.5	是否有运用停顿					在提问、重点内容、承接和转换话题时，运用短暂的停顿以示区别
3	与学员互动和交流	5	4	3	2	1

续表

项目	分类	(得分5分最高，1分最低)					评分标准与解释（以下表述为5分的条件）
3.1	是否鼓励学员参与						授课时讲师刻意地关注学员的听课状态，当发现学员兴趣低落时，会采用各种成人教学手段提高学员的学习兴趣和参与意识 采用的互动手段有：提问、游戏、活动、情景模拟、分组讨论、学员分享、案例分析等各种方法，提高学员的学习兴趣
3.2	是否运用破冰调整学习气氛						上课初始，或者与陌生学员刚接触时，讲师不急于讲授内容，而关注学员的情绪和兴趣 通过学员都能接受和理解的故事、案例，由浅入深地将学员引导到新的知识点和授课内容上 利用幽默打破陌生学员和老师之间的隔膜和紧张 通过介绍自己授课的主题，让学员了解学习目的和方向，集中学员的注意力
3.3	是否适时提问，启发学员思考						在需要时会向学员提出各种问题，让学员思考或回答，增强授课的互动性 提出的问题适当，不难也不易；提问的时机掌握适度 不会为互动而提问
3.4	能及时处理学员的提问和疑问						当发现学员的表情有疑惑时，会及时地停下来，了解学员对内容的理解程度，并回答学员的疑问，再继续授课
3.5	关注学员的反应并及时调整内容和进度						授课的内容和节奏并不是固定的，每次授课根据学员的实际情况和听课的反应调整进度和时间 重点和关键点的讲授时间可根据学员的接收情况临时调整

续表

项目	分类	\(得分5分最高，1分最低\)					评分标准与解释 （以下表述为5分的条件）
4	内容组织	5	4	3	2	1	
4.1	引导主题是否吸引学员						课程开始和单元开始时都采用切题和引导的技巧吸引学员 　　采用"悬念"和"适度夸张"的艺术手法处理讲授的内容 　　出奇不意 　　意料之外、情理之中的授课内容
4.2	内容是否层次清晰、逻辑顺序合理自然						授课内容的组织有条理，内容分成几个部分，每个部分分成几个小点，每个小点分成几个层面等 　　知识点、故事、案例之间有联系 　　逻辑合情合理
4.3	观点和论据是否清楚明确						授课内容、观点清晰明确 　　论据素材充分、可信 　　论证角度多元，不偏激、不片面，让人信服 　　论据所选取的素材与论点的关系密切，有说服力度
4.4	内容安排是否有重点，主次是否明了						内容重点突出 　　内容主次分明
4.5	故事和案例是否与内容贴切和有启发性						每个重要的知识点和观点都有相对应的故事和案例说明 　　故事和案例素材的选取与讲授内容有直接的关系，有助于学员理解和接受讲授内容 　　故事和案例的处理手法：突出重点，与内容有关的细节详细讲解，无关的铺垫快速介绍和略过

续表

项目	分类	（得分5分最高，1分最低）					评分标准与解释 （以下表述为5分的条件）
4.6	内容之间的联系和承接是否流畅和自然						课程从宏观上是一个整体 课程从微观上又相互有机的结合 内容上承接自然，一气呵成
5	总体评价	5	4	3	2	1	
5.1	授课是否始终吸引听众						学员始终对讲授内容充满好奇和兴趣 内容生动，容易消化 不断创造机会让学员参与和思考，学员的思路紧跟老师授课的主线
5.2	讲述是否有说服力和影响力						讲授的方式和内容具有强大的说服力和理论依据，让人折服 震撼每个学员的思想，深深地影响到每个学员的内心

企业商学院：让你的企业价值万亿

企业商学院培训讲师培训效果评估表

部　　门：　　　　　　　　姓　　名：
培训内容：　　　　　　　　培训时间：

请就下面每一项进行评价，并请在相对应的分数上打"√"

项目	很差	差	一般	好	很好	优秀
课程内容						
1.课程目标符合我的工作和个人发展需要	5	6	7	8	9	10
2.课程知识深度适中、易于理解	5	6	7	8	9	10
3.课程内容切合实际、便于应用	5	6	7	8	9	10
讲师						
4.讲师表达清楚、态度友善	5	6	7	8	9	10
5.讲师对培训内容有独特精辟见解	5	6	7	8	9	10
6.讲师鼓励学员参与，现场气氛很好	5	6	7	8	9	10
7.讲师对学员的提问所做出的回答与指导	5	6	7	8	9	10
培训收获						
8.获得了适用的新知识和新理念	5	6	7	8	9	10
9.获得了可以在工作上应用的一些有效的技巧或技术	5	6	7	8	9	10
10.促进客观地审视自己以及自己的工作，帮助对过去的工作进行总结与思考	5	6	7	8	9	10

11.整体上，您对这次课程的满意程度是： A.不满　B.普通　C.满意　D.非常满意

您给予这次培训的总评分是（以100分计）：

第十五章 企业商学院部分专业表格

续表

本次培训你认为那些内容对你的帮助最大？	请您提出其他培训建议或培训需求：
您认为课程或讲师最应改进的地方？	

说明：1.填写完整后及时将本表交人事管理部；
　　　2.请给予您真实的评估意见，以帮助我们不断提高培训质量与水平。

企业商学院培训讲师训后总结反馈表

培训主题			培训时间	
培训讲师		培训人数		培训地点	
自我评价	A．很满意　B．满意　C．普通　D．不满意			
课程优点					
课程不足					
原因分析					
改善建议					
备注					

企业商学院课程排期表

序号	培训课题	授课方式	主讲老师	上课教室	上课准备	助教

讲师晋级申请表

姓名		部门		原级别	
主讲核心课程	01				
	02				
	03				
讲授风格					
商学院执行院长评审					
商学院常务院长审核					
商学院院长批准					
备注					

企业商学院：让你的企业价值万亿

优秀讲师评奖申请表

编号		姓名		讲师级别	
讲师年限					
讲师主要业绩					
商学院执行院长评审					
商学院常务院长审核					
商学院院长批准					
备注					

优秀学员评奖申请表

姓名		部门		性别	
学分总计		学习出勤率			
学习知识转化业绩事项自我总结					
部门领导评估					
HR部门评估					
商学院执行院长评审					
商学院常务院长审核					
商学院院长批准					
备注					

附录

中国著名企业大学

企业商学院：让你的企业价值万亿

一、华为大学

为了把华为打造成一个学习型组织，华为进行了各方面的努力，2005年正式注册了华为大学。华为大学坐落在深圳，总占地面积27.5万平方米，分为教学区和生活住宿区，教学区占地面积15.5万平方米。华为大学为华为员工及客户提供众多培训课程，包括新员工文化培训、上岗培训和针对客户的培训等。

华为大学是华为发展战略的重要组成部分，它不仅是企业内部人才培养体系的重要一环，还超越这一职能成为企业变革的推手以及外部企业（包括顾客、供应商、合作伙伴等）培训和咨询服务不可缺少的支柱。

1. 华为大学培训制度

为了帮助新员工尽快适应公司文化，华为大学对新员工的培训涵盖了企业文化、产品知识、营销技巧以及产品开发标准等多个方面。针对不同的工作岗位和工作性质，培训时间从一个月到六个月不等。

华为还拥有完善的在职培训计划，它包括管理和技术两方面。不同的职业资格、级别及员工类别会有不同的培训计划，为每个员工的事业发展提供有力的帮助。

除了为员工提供了多种培训资源，帮助其进行自我提高外，华为大学还设有能力与资格鉴定体系，对员工的技术和能力进行鉴定。

2. 华为大学办学宗旨

华为大学旨在以融贯东西的管理智慧和华为的企业实践经验，培养职业化经理人，发展国际化领导力，成为企业发展的助推器。大学依据公司总体发展战略和人力资源战略，推动和组织公司培训体系的建设，并通过对各类员工和管理人员的培训和发展，支持公司的战略实施、业务发展和人力资本增值；对外配合公司业务发展和客户服务策略，为客户和合作伙伴提供全面的技术和管理培训解决方案，提升客户满意度；同时通过华为的管理实践经验的分享，与同业共同提升竞争力。华为大学目前拥有300多名专职和逾千名兼职培训管理和专业人士，遍布于中国深圳总部和中国及世界各大洲的分部/代表处。

3. 华为大学导师制度

华为建立了一套有效的导师制度，帮助新员工尽快适应华为。部门领导为每一位新员工指派一位资深员工为其导师，为其答疑解惑，在工作生活等方面进行帮助和指导，包括对公司周围居住环境的介绍，及帮助他们克服刚接手工作时可能出现的困难等。

在新员工成为正式员工的三个月里，导师要对新员工的绩效负责，新员工的绩效也会影响到导师本人的工作绩效。

除了针对新员工所开展的导师制度外，在每个部门，华为都配有一支资深的教授专家团队，为员工提供顾问支持；团队成员大多为来自各所名牌大学的教授，以及一些研发中心退休的老专家。他们将在员工在工作或生活中遇到问题时，利用自己丰富的工作和生活经验，向员工提出富有成效的建议，以及接受进一步的咨询。

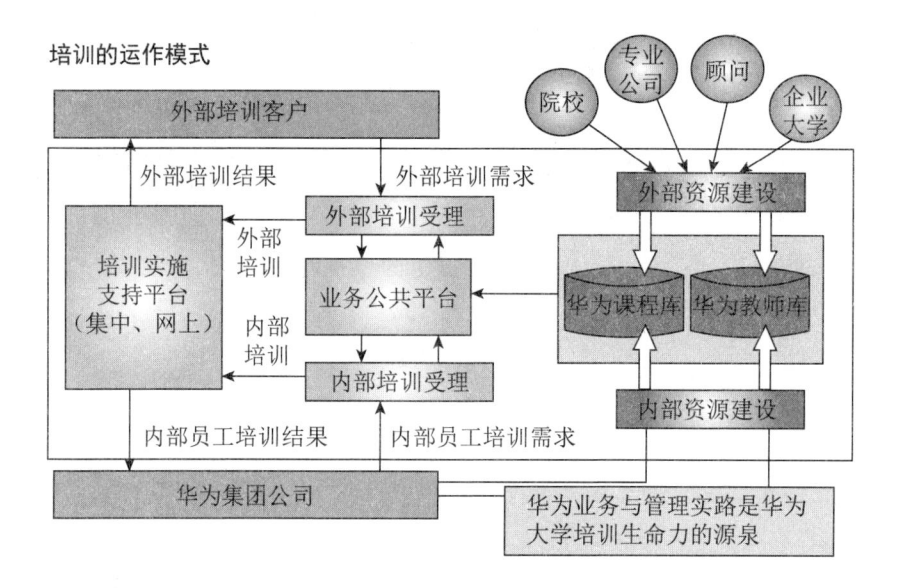

培训的运作模式

从上图可以看到，华为大学培训很系统、全面、科学、先进、合理，对培训的规划、设计、资源配置等方面也是一流的；对培训平台的设置、规划、配套也是十分完善的；对内外培训系统的规划、设计、支持也是一流的；对师资库与课程库建设、规划、配置也是一流的；对培训组织建设、规划、设计也是一流的；对培训评估与绩效转化也是一流的；对内外培训资源的整合、应用也是一流；对产业价值链培训、服务、贡献也是一流的。

华为基本法第九条与第七十三条：明确阐述了人才发展的

战略定位与人才在企业发展中的重要作用与价值。华为的"导师制"将人才建设与人才开发及发展推向了一个非常高的高度，全员既是学习者，又是智慧贡献者，也是教授者导师，真正形成了企业学习型的组织文化，学习型的员工文化，学习型的企业文化，学习型的市场文化，学习型的客户文化，学习型的消费者文化。这样使组织、人才、战略、管理、技术、创新、企业、市场、客户等越来越强大，越来越有力量，越来越有生命力。

二、海尔大学

海尔大学始建于1999年12月26日，是海尔集团培养中高级管理人才的地方，是在海尔集团提出的以市场链为纽带的业务流程再造背景下，在信息化时代新经济的浪潮中为满足海尔集团国际化战略转移而成立的，是海尔集团培养员工管理思路创新的基地。

海尔大学不是大学，但它又是一所最好的大学。说它不是大学，是因为它不是教育部所批准的对外招生的大学，充其量是海尔集团的一个职工培训中心。说它是一所最好的大学，是因为它是海尔人心目中的大学，是企业界所向往的大学。

海尔大学是海尔集团专门为培养出国际水平的管理人才和技术人才而为内部员工兴建的培训基地。它完全按照现代化的教学标准来建设，并与国际知名教育管理机构合作，为参训员工提供的各项硬件和软件环境都是一流的。为调动各级人员参与培训的积极性，海尔集团还将培训工作与激励紧密结合。海尔大学每月对各单位培训效果进行动态考核，划分等级。

引入激励机制是提高培训效果的重要手段。海尔抓住员工追求自我实现的关键需求，把培训工作与升迁、轮岗等激励机制挂起钩来，不仅是重视培训的表现，而且是提高培训效果的重要手段。

海尔大学位于海尔集团高科技工业园——海尔信息产业园西南一隅，依地而建，呈不等边三角形。海尔大学虽是一所培养员工管理思路创新的基地，但其建筑全部采用仿明清苏州古典园林风格，环境优美自然，往往也是人们观光旅游的去处。

整座大学占地12000平方米，总建筑面积3600平方米。有各类教室12间，其中有多媒体教室、语音室、计算机室、学术报告室等，可供500人同时学习、互动、研讨使用。

创建伊始，海尔集团首席执行官张瑞敏就提出了海尔大学的定位：不在于有多少好的设施和硬件条件，关键在于其内涵和软件，要成为海尔员工思想锻造的熔炉和能力培训基地，要以GE管理培训中心为榜样，成为中国企业界的"哈佛大学"。"创新、求是、创新"是海尔大学的校训，就是要求每位学员都带着创新的动机和现有的创新成果到海尔大学参与，通过互动、学习，寻求事物发展的普遍性规律并总结成模块，然后再回到实践中，在新的创新模块平台上进行更高水平的创新，从而形成不断循环、螺旋上升的过程。

1. 海尔大学培训环境

为提高培训效果，海尔大学搭建了完善的培训教学软硬件环境。软件建设方面除海尔大学内部有16名各单位轮值老师外，在海尔集团内还建有330余人的内部兼职教师师资队伍，海尔内部培训师资网络设置得非常严密：首先对所有可以授课的人员进行教师资格认定，持证上岗。

同时建立了内部培训管理员网络，以市场链SST流程建立起市场链索酬索赔机制及培训工作考核机制，每月对培训工作进行考评，并与部门负责人及培训管理员工资挂钩，通过激励调动培训网络的灵活性和能动性。

海尔大学在外部，建立起了可随时调用的师资队伍，已与清华、北大、中欧国际工商学院、IMD等国内外科研机构、大专院校建立了合作关系，聘请兼职教授80余人，并且已与哈佛大学、IMD、沃顿商学院、英国剑桥大学、法国欧洲管理学院、中欧国际工商学院、日本神户大学、清华大学、北京大学、上海复旦大学等国内外著名院校成立案例编写关系，利用国际知名企业丰富的案例进行内部员工培训，引入国内外先进的教学和管理经验的同时，又利用这些网络将海尔先进的管理经验编写成案例库，成为MBA教学的案例，也成为海尔内部员工培训的案例，达到了资源共享。

海尔大学在硬件方面除负责员工内部培训的海尔大学之外，海尔集团还在国家级风景旅游度假区崂山仰口兴建了海尔国际培训中心，可同时容纳600余人脱产培训使用，该中心完全按照现代化的教学标准建设，并与国际知名教育管理机构合作，承办各种综合培训及国际学术交流，成为一座名副其实的海尔国际化人才培训基地。海尔国际培训中心主要面对海尔集团的管理干部提供脱产培训场所，并可进行国际学术交流活动，与海尔大学相得益彰，为提高海尔集团全体干部员工的国际化素质提供了国际一流水平的培训场所，同时提高员工素质,进一步扩大企业影响力,为海尔进入世界五百强提供强有力的支持。

2. 海尔大学功能

海尔大学功能:内部培训,创新、求是、创新。

在应对企业业务流程再造给全体员工带来的思想观念冲击上,海尔大学已经成为员工观念创新的发源地,海尔集团战略创新的推广地,以及海尔集团培养中高级管理人才的摇篮。

海尔大学作为世界上首家通过ISO10015国际培训管理体系认证的企业,秉承海尔集团"选准母本、清楚目标、找出差距、需什么学什么、缺什么补什么,急用先学,立竿见影"的培训原则,依据海尔集团的发展战略,围绕市场终极效果,通过"现场、案例、即时、互动"的创新培训形式,进行问题管理培训、创新能力培训、发展能力培训等。

海尔大学秉承"奉献经典管理课程,分享海尔实战经验"的管理理念,培训客户已由海尔内部员工不断延伸到海尔的分供方、专卖店并扩展到信息技术、生产制造、金融保险、石油化工、快速消费品、高等院校以及政府机构等领域,每月到海尔大学接受培训的国内外各类企业、机关单位的中高级管理人员已达700余人,实地考察、学术交流及调研编写案例的人员每月也超过400余人。

海尔大学开设的企业管理系列培训课程,是海尔管理模式经过成功验证和提炼的精华。海尔大学最显著的教学特点是注重课程的"实战性"与"可操作性",学员通过培训能够很快将所学内容运用到自己的实际工作中去,真正起到了通过培训改进工作方法、提高管理能力和企业竞争力的作用。

海尔大学采用在线考试系统，建立了以考促学，以练代培的理念，让学员积极性大增。

3. 海尔大学培训激励

"什么是对的，什么是错的，什么该干，什么不该干"，这是每个员工在工作中必须首先明确的内容，这就是企业文化的内容。对于集团内各级管理人员，培训下级是其职责范围内必须的项目，这就要求每位领导亦即上到集团总裁、下到班组长都必须为提高部下素质而搭建培训平台、提供培训资源，并按期对部下进行培训。特别是集团中高层人员，必须定期到海尔大学授课或接受海尔大学培训部的安排，不授课则要被索赔，同样也不能参与职务升迁。每月进行的各级人员的动态考核、升迁轮岗，就是很好的体现：部下的升迁，反应出部门经理的工作效果，部门经理也可据此续任或升迁、轮岗；反之，部门经理就是不称职。

海尔大学进行技能培训的重点是通过案例、到现场进行的"即时培训"模式来进行。具体说，是抓住实际工作中随时出现的案例（最优事迹或最劣事迹），当日利用班后的时间立即（不再是原来的停下来集中式的培训）在现场进行案例剖析，针对案例中反映出的问题或模式，统一人员的动作、观念、技能，然后利用现场看板的形式在区域内进行培训学习，并通过提炼在集团内部的报纸《海尔人》上进行公开发表、讨论，形成共识。员工能从案例中学到分析问题、解决问题的思路及观念，提高技能，这种培训方式已在集团内全面实施。对于管理人员，则以日常工作中发生的鲜活案例进行剖析培训，且将培训的管理考核单变为培训单，利用每月8号的例会、每日的日清会、专业例会等各种形式进行培训。

各单位培训效果进行动态考核，划分等级，等级升迁与单位负责人的个人月度考核结合在一起，促使单位负责人关心培训，重视培训。

海尔的人力资源开发思路是"人人是人才""赛马不相马"。于是海尔大学在具体实施上给员工做了三种职业生涯设计，每一种都有一个升迁的方向，只要是符合升迁条件的即可升迁入后备人才库，参加下一轮的竞争，跟随而至的就是相应的个性化培训。海尔把培训和个人的职业发展结合起来，学习和培训越多，个人职业发展的机会就越多。在海尔，上至集团高层领导，下至车间一线操作工人，企业根据每个人的职业生涯设计为每个人制订了个性化的培训计划，构建了个性化发展的空间。

"海豚式升迁"是海尔大学培训的一大特色。海豚是海洋中最聪明最有智慧的动物，它下潜得越深，则跳得越高。如果一个员工进厂以后工作比较好，但他是从班组长到分厂厂长干起来的，主要是生产系统；如果让他干一个事业部的部长，那么他对市场系统的经验可能就非常缺乏，就需要到市场上去。到市场去之后他必须从事最基层的工作，然后从这个最基层岗位再一步步干上来。如果能干上来，就上岗，如果干不上来，则就地免职。

有的经理已经到达很高的职位，但如果缺乏某方面的经验，也要派他下去；有的经理各方面经验都有了，但处事综合协调的能力较低，也要派他到这些部门来锻炼。这样对一个干部来说压力可能较大，但也培养锻炼了干部。

三、奥康大学

奥康大学是中国制鞋业首所企业大学，奥康大学黄埔一期EMBA班也是中国制鞋业首个EMBA班。奥康大学是奥康集团基于进军国际化战略调整的大背景下应运而生，于2007年1月15日挂牌成立。

奥康大学秉承奥康集团愿景"全球品牌，百年奥康"，立足于为企业战略发展培养"奥康化、专业化、职业化、国际化"人才，提出了"打造行业黄埔军校、培养企业精英人才"的使命。

1. 奥康大学培养对象

奥康大学EMBA班学制两年，招生对象主要是具备大学本科学历，工作3年以上或大专毕业工作5年以上，连续三年绩效考核成绩在良好以上，部门管理业绩优秀并对奥康的事业忠诚，有持续的工作激情和不断创新的意识和行动的员工。

2. 奥康大学下设学院

斥资千万倾力打造没有"围墙的企业大学"——奥康大学。奥康大学下设四个学院：领导力学院、专卖管理学院、市场营销学院和生产技术学院，致力于培养高层管理人才、连锁专卖精英、市场营销人才、生产技术骨干以及储备干部人才。

3. 奥康大学师资力量

奥康大学拥有由近80名内部讲师、100多位外聘专家教授组成的师资队伍；将奥康集团成长的成功案例编制学院教学案例库，在课程设置上注重教学的实战性，通过讲师和学员的讨论与分享来强调教学过程的互动性，提高学员在实际工作中知识的转换能力。

4. 奥康大学发展规划

奥康大学与世界知名教育培训机构一起合作，成为企业和国内同行业人才培养和输出的基地，不遗余力地朝着世界一流的企业大学和人才基地的方向发展。总体发展规划分四部曲。

第一部曲：立足于培养奥康职业化人才；

第二部曲：立足于培养产业价值链人才；

第三部曲：立足于培养制鞋行业的人才；

第四部曲：立足于培养中国社会的人才。

未来最成功的企业必定是学习型组织，因为未来企业唯一持久的优势，就是比自己的竞争对手学习得更快。奥康大学将在提升企业应变能力、取得持久竞争优势上不懈探索和努力！

四、平安大学

平安金融培训学院（平安大学）

为了提升平安员工的专业能力和国际化管理水平，中国平安建立了完善的职业培训体系，培养了初、中、高级讲师近4000人，并于2001年在深圳成立了平安大学。

平安大学占地面积20万平方米，建筑面积7.85万平方米，有多间独具特色的教室、研讨室和会议室，能同时容纳1000人学习，适合承办各类会议和研修培训班；平安大学还拥有高尔夫球场等一流的康体设施，星级服务的配套酒店，以及商务中心、超市等服务设施。

平安大学设有寿险学院、产险学院、金融学院、管理学院及博士后工作站，面向公司所有内外勤员工，提供面授培训、认证考试、网上学习、卫星电视教学等培训方式，并与国际著名的专业培训机构LIMRA、LOMA、AICPCU、Wharton商学院，以及北京大学等国内著名学府共同开展职业培训。

平安大学秉承将知识转变为价值的办学理念，现已成为亚洲顶级的金融保险专业大学和中国的GE管理学院。

平安金融培训学院、平安博士后工作站、企业内部培训、直接引进的海外培训项目、外派海外培训等，这一切的目的是给员工提供终身学习和职业发展机会，让每一个员工及时掌握各专业领域内领先的知识和技能。

1. 平安大学新员工封闭培训

每一位刚进入中国平安的员工，都将接受公司一到两周的新人封闭培训。该培训严格按"新员工素质模型"进行，以帮助新员工尽快从"社会人"转变为"平安人"、从"校园人"转变为"职业人"、从"人手"转变为"人才"，建立积极、健康的职业心态和团队工作意识，成为平安化、职业化、专业化和心态良好的平安人。

2. 平安大学企业内部培训

平安集团所属的各子公司、分公司都设立了独立的培训部，拥有自己的专、兼职讲师队伍。各公司的讲师由平安内部各专业领域的精英和专家组成，拥有丰富的工作经验和技能，他们是所有新进员工的良师益友。

3. 平安大学国际通用资格认证

公司鼓励员工通过参加专业认证考试来提升专业素质和个人竞争力。中国平安和国内外专业认证组织合作，引进了多项国际通行的专业认证考试。目前，通过公司组织考试并授予专业证书的有LOMA、AICPCU和SOA。LOMA（Life Office Management Association），即国际寿险管理协会。平安大学是该协会在亚太地区最大的考试中心。

AICPCU，即美国公认财产险意外险承保师协会。平安是该协会在中国最大的考试中心。

SOA，即北美精算师资格考试。平安大学是该资格认证考试的中国区考点之一。

为推动和保障员工的在职学习，平安制订了相应的政策，对通过相关认证考试的员工给予不同程度的奖励，如考前进行考试辅导、通过英文考试报销考试费用、将认证考试科目与专业技术资格评聘挂钩等，这些措施有效地保障和推动了员工在职学习的热情和积极性。

4. 平安大学员工自助培训

平安大学的在线自助学习系统为员工提供了数千门各专业领域的多媒体学习课程，这些课程为全球范围内引入的、在各专业领域处于领先地位的培训课程项目。公司任何员工都可以根据自己的需要定制学习课程，随时参加课程学习。该系统为每一位员工建立了个人学习档案，可以随时检视自己的学习进度、学习成绩。

5. 平安大学博士后工作站

平安企业博士后工作站由国家人事部于2001年12月批准建立，是中国保险业第一家企业博士后工作站。工作站通过与中国社会科学院、南开大学等国内一流研究机构的合作，并聘请享誉国内外的经济学家来站担任指导专家，构筑了国内一流的学术研究阵地。

在博士后工作站，员工可以近距离地聆听国际大师的演讲并接受他们的指导。

6. 平安大学海外培训

为了帮助员工尽快成为国际性的管理人才和专业人才，平安会定期选送优秀的员工出国培训或到国际知名的金融保险企业工作学习，并为他们承担所有培训费用。

中国平安一直致力于成为学习型的组织。马明哲董事长曾说："我们的事业人生好比一盏灯，能否永远亮下去就看能否及时地加油充电。"因此，中国平安从成立以来，一直将培训作为实现公司愿景与员工个人价值的途径，倡导将学习转化为胜任素质与工作绩效。

"以好的培训造就人，以好的培训留住人"，这也是中国平安人力资源的重要策略之一。

五、美的学院

美的学院由美的公司创建，自2005年上半年开始筹划，下半年开始规划、改建，于2006年5月23日正式落成并投入使用，各项硬件投资达3000万元。

美的学院建筑面积1.6万平方米，拥有教学楼两幢，综合楼一幢，有完善的户外拓展、体育、文化、住宿、餐饮等配套设施。美的学院拥有不同类型的各类培训教室多间，可同时容纳近千人进行各种类型的培训、讲座、学习。户外体验式培训基地拥有平衡木、高空浮桥、天使之手、毕业墙、攀岩等九个高空训练项目，以及20多个低空项目、破冰活动等，可同时满足300人进行体验式培训。

美的学院是美的集团内部员工的培训基地，是重要的员工业余学习、文化、休闲活动基地，也是传播美的文化理念的重要基地。

1. 美的学院发展体系

美的培训体系由集团、二级平台、事业部（经营单位）三级层面组成，集团人力资源部是全集团教育培训工作的业务指导机构与管理部门，各单位日常工作由各级人力资源部门负责统筹组织。

近几年，美的每年的培训投入都在3000万元以上，为各层级员工提供系统的培训，包括企业文化理念、管理技能、专业技能等。主要的培训项目有新员工（毕业生）训练营、后备经理训练营、新任经理训练营、领导力发展培训、出国培训等，全方位打造适合美的国际化战略的职业人才。

2. 美的学院培训活动

美的学院的工作从一开始就得到了内部的大力支持，从集团决策层，到人力资源系统、培训系统，以及员工的关注与支持，这使得学院工作一开始就具备了一个相对较好的环境。学院也组织策划了一些活动，学院始终认为，最重要的是"软件"，而非"硬件"。学院在前期策划组织了"专家讲座""名师讲座""向跨国公司学管理"等活动，以及各类主题培训、OFFICE讲师培养、英语学习、内部交流、辩论赛等活动，初步统计受训人次达到5000人次。从培训效果看，这些活动也得到了大部分员工的认同，通过这些活动，学院初步建立了一个系统性、开拓性开展培训的思路，因为不可能等条件都成熟时再去做，也不可能一开始就把什么都规划好，然后按部就班地实施。一方面，学院还是延续前期的工作，把一些特色讲座活动和培训活动继续深入下去，另一方面，继续加强内部培训系统的学习、交流，关注于内部培训工作的提升，同时创造内部交流与学习的氛围，更多地促进内部知识的传承、积累、分享，也希望能通过培训活动的组织开展，配合集团的四力提升、管理变革等工作。学院也将充分利用这些硬件环境，开展更多的培训活动、管理活动，使得美的学院成为内部员工学习、交流、业余活动的聚集地，成为广大员工最喜欢去的一个地方。

3. 美的学院工作定位

美的学院的工作定位是"建立平台、专业协同、提升效益、共同成长"，它是集团内部的培训基地，是美的人力资源开发与培训业务的支持、服务与指导中心，是企业骨干人员成长、发展的助力器。这也是美的培训工作者共同的任务。

美的学院是一个专业机构。这有几个方面的意义，一是清晰学院的定位，首先是提供专业服务、专业支持，然后才是协同管理与指导。其次，这要求学院必须成为培训领域的专业机构，必须具备良好的专业能力。也就是说，美的学院应致力于成为美的业务发展战略的伙伴，成为美的培训工作者的业务伙伴。也可以说，美的学院是美的培训系统员工共同的工作场所、共同的家园。

六、雨润大学

开启了非公经济领域培育人才新模式的雨润大学，不仅为建立全国示范性企业大学奠定了坚实的基础，而且为雨润集团的腾飞提供了源源不断的人力资源动力。

雨润集团在2009年9月斥资近千万元筹备、2010年5月9日正式成立"南京雨润学院"，主要进行后备干部的培训工作，以便更好地满足企业对于管理人才和专业人才的需求，提高企业后备人才的综合素质；传承、弘扬优秀企业文化，提升企业品牌形象。2012年5月11号，雨润学院升格为雨润大学，成为江苏省示范性企业大学。

1. 深挖"校企合作"

校企合作是一个由来已久，但一直能够同时吸引高校和企业眼球的话题。截至目前，雨润大学秉承开放式办学的理念，已经与全国十几所高校建立了校企合作。在这些院校里，校企合作具体的实践载体就是"雨润班"。学生可以从入学开始，通过考察推荐，或自己报名进入"雨润班"。在校期间，雨润

企业商学院：让你的企业价值万亿

大学会安排老师向"雨润班"的学生宣传雨润的文化和发展，让他们认识雨润，接受雨润。雨润集团也会给"雨润班"一些很优惠的政策，比如说在校学习期间，进入"雨润班"的有奖学金，毕业以后在雨润工作三年，会全额返还学费。

有时，为了帮助"雨润班"的学生了解雨润集团的企业文化、发展历程和战略布局，同时尽早树立学习目标，做好职业生涯规划，雨润集团还会组织"雨润班"到雨润集团参观、座谈等交流活动。

"雨润班"的学生可以到南京雨润公司的填充间、烟熏间、预冷间和无菌包装间，现场体验"雨润在行业内率先推出21道检验检疫的全流程追溯体系"。雨润的质量理念是"品质代表素质"，将产品的质量上升到了生产者个人素质的高度，学员只有现场亲身感受，才能真正体味到雨润对产品质量的那种高度重视感。

另外，每一个"雨润班"学员，感受震撼最多的就是集团总部大楼展厅。展厅总面积1000平方米，设有食品、物流、地产、旅游、商贸五大区，通过沙盘、多媒体、数字影像、交互系统、3D和4D影院等方式集中展示了雨润控股集团的产业发展及未来规划情况，雨润通过20年的发展，从一个几十人的加工作坊发展到有13万名员工的食品航空母舰，发展迅猛，目前已成为集食品、物流、商业、房地产、旅游、金融和建设等七大集团于一体的大型集团企业，拥有雨润食品、南京中商两家上市公司。

2.体验式从严治学

经过多年的发展，雨润大学的培训范围涵盖雨润控股集团的七大产业集团，培训层次全面覆盖集团的高、中、基层员工，根据不同的办学需求，可分为不同类型的培训。但是主线只有一个，就是全力打造优秀人才。

为此，雨润大学聘请集团中高层管理干部及核心业务骨干担任内部讲师，结合自身的工作经历讲述集团的制度、管理、技术等，传授实战经验；聘请国内知名高校的知名学者来校开办讲座，帮助学员开阔视野，拓展知识领域，提高思想境界；聘请专业技术专家上专业技术课，帮助学员掌握相关的专业知识，参加相应的资格证书的考试。

在这个过程中，为了确保培训效果直指人心，雨润集团还打造了现场实训、电子沙盘、营销沙盘、案例撰写、法庭听庭等体验式教学的方法。

另一方面，为了确保培训效果，学校有关领导和工作人员通过制度化的巡察、巡视和检查，加上指纹打卡等必要的技术手段，辅之以学生干部、学生组织的自我管理和监督，对表现突出的学员及时进行表扬、加分，对违纪和表现差的学员及时进行通报批评、扣分，直至取消结业资格等，多管齐下实现对全体学员上课、实训、各项活动和日常表现等方面的严格监督。

只有严格的标准，才能培育出优秀的人才。因此，雨润大学遵照集团关于"公平、公正、公开"和"逐级晋升"的人才选拔原则，按照"七个优选法""7433"干部素质模型要求和雨润大学的综合考核评价结果，根据集团人力资源部或相关主管部门的安排选拔人才。学员在雨润大学结业后，符合竞聘条件的，离校前参加竞聘晋升。

经过多年的发展，雨润大学人才辈出，已经成为了集团培养优秀职业经理人的摇篮。传播企业文化的阵地，构建学习型组织的平台，推动企业转型与变革、提高企业竞争力的助推器。

七、蒙牛商学院

蒙牛商学院的职责：宣传公司的战略意图，提炼并弘扬公司文化，培育学习精神，传输先进理念，提升综合素质，造就蒙牛职业经理人。

蒙牛商学院各部门职责如下：

培训管理部：负责各种培训管理方面的工作；

企业文化部：梳理蒙牛的企业文化；

干部培训部：为公司大量地培养干部；

经销商培训部：蒙牛所有的产品都是通过经销商销售的，该部门用以培养并奖励优秀的经销商；

讲师部：由专职的讲师专门讲解企业文化和蒙牛的最基础的一些管理理念。

1.培训体系

商学院不应该是一个空壳，一定要有七大体系，这七大体系可分为两大子体系。前面三个称为商学院的管理体系，后面四个称为培训管理体系。一个商学院有两大内容，而这两大内容正是由这七大体系所组成。

（1）管理体系下的子体系

1）制度体系：负责厘清公司哪个层面要培训，培训哪些内容。

2）流程体系：做任何课程都要做出一个流程体系。比如年会的流程，具体谁来做哪件事情，这些就是流程体系。

3）培训课程体系：即培训中讲授哪些课稿来达成培训目的。

（2）培训管理体系

1）学员管理体系：管理学员的体系，比如商学院是采用学分制管理学员，还是采用其他方式管理。

2）讲师管理体系：商学院有五大讲师体系，有内部的讲师，有外部的讲师，有专职的讲师，有兼职的讲师，有所有的管理者作为讲师等。该体系负责管理整支讲师队伍。

3）课程研发体系：商学院必须能够自主研发产品，自己研发课程，这是它与培训部最本质的区别。商学院要有自己的课程，有自己的课程包，这就需要课程研发体系。

4）人力晋升的课程体系：这是研究如何来晋升，以及培训怎么来支撑人力晋升的体系。

作为中国近年来成长最快的乳品企业之一，蒙牛在人才的选择和培育上自然走在行业的前列，2003年年初，蒙牛成立了企业商学院，其最核心的职能就是实施企业内训，配合企业文化的宣传执行，牛根生亲自担任商学院的院长。蒙牛商学院在最初阶段与专业培训机构合作，花了一年的时间搭建商学院的运作体系，培养蒙牛内部的讲师，并在蒙牛内部进行几十场企业文化专题培训。2004年，蒙牛商学院开始自主运作。

2. 全员梯队培训制

2003年，蒙牛创办自己的商学院，其初心主要是为新员工提供全封闭的入职培训。如果试用期3个月内，新员工还没有接受企业文化培训，人力资源部会"跳闸"，这样，新员工是没有办法脱离试用期正式进入该工作岗位的。

随着蒙牛商学院的不断完善，牛根生意识到，这种优势性极强的培训不应只运用在新员工身上，所有的员工每年都应该"回炉再造"，每年都要去学习新的蒙牛企业文化和知识、技能，这样才能让企业所有的人才都常用常新。蒙牛将人员培训主要分成了五个层次：第一层，基层员工的培训；第二层，基层管理人员的培训；第三层，厂长经理级、中心主任级的培训；第四层，高层管理团队的培训；第五层，董事会成员的培训。每个层次的培训，蒙牛每年都要投入200万，一年要拿出1000万元用于培训。

蒙牛是真的在用培训的方式把员工对企业文化的理解，作为选拔、提升人才的一个非常重要的砝码。每年都会涌现出大批通过培训而被重用的员工，从而形成一个良性循环，让员工积极主动地去培训、学习、提高。

3. 讲师内部化

从2005年开始，在部分尖端技术和有特别需求的情况下，蒙牛才会聘用外部讲师，否则，蒙牛商学院的讲师绝大部分都是来自蒙牛内部，他们大多是素质比较优秀，且通过了严格考试的年轻人。这样做主要是因为这些人在基层工作过，既具有扎实的理论功底，又有丰富的实践经验。他们在讲师的岗位上工作一段时间后，往往成为蒙牛各个业务单位特别抢手的储备干部，因为他们的综合素质好、全局意识强，而且对企业的忠诚度也非常高。

此外，牛根生也会有意识地去规划学习内容，例如，蒙牛的高层领导包括副总裁每年都要在商学院的课堂上为接受培训的员工进行至少两次以上的培训。这些高层领导的讲课内容必须事先成稿，留商学院备案，不知不觉中，这些高层领导也都成为商学院的讲师了。

4. 培训一致化

因为蒙牛的业务区域遍布全国，很多基层单位在创立过程中都会遇到操作不规范、地域文化冲突等问题。蒙牛商学院除了对总部的员工进行培训以外，还接受基层单位的邀请进行培训，并且肩负着基层培训师的培训。蒙牛商学院每年会要求每家工厂选派2～3名员工到总部，商学院要教会他们如何讲企业文化，再由他们回自己的工厂进行企业文化的宣讲。这样一来，即使是基层单位的员工，掌握的技能和接受的企业文化的熏陶也和总部员工没有什么分别，有效地保证了企业员工发展的一致性。

5. 召开学习例会

在学习的过程中，总结和反馈也是必不可少的重要的内容，及时地总结可以让学员对于学过的内容有一个更清晰和脉络化的印象。

蒙牛商学院的整个培训体系当中有一个特色活动：每周有一次学习例会。在学习例会当中，蒙牛很少请外面的人来讲，因为公司的管理者有义务为公司传承企业文化和管理经验。

蒙牛商学院，是一种战略层面下的全新组织形态，明确将自己的目标定位为服务公司的战略性发展，不只是满足员工在技能训练上的需求，更看重的是企业文化和经营理念的传播，使企业员工统一意识，拧成一股绳，真正成为企业发展战略的延伸与支撑。

八、宝洁大学

P&G

宝洁的企业大学由全球总部的GM学院、全球总部职能部门的职能学院、各大区的宝洁学院和大区的职能学院四部分共同构成。其中，GM学院针对的是总经理级及拟提升为总经理的员工；宝洁在全球的每个大区都有一所宝洁学院，它的定位非常清晰，只负责培训新员工的公共技能；相关专业技能培训则由全球总部级别的职能大学及每个大区的职能学院承担，因此宝洁大学就是由几十个彼此独立的学院构成的全球化的企业大学。

在整个体系里，培训机制是非常重要的组成部分，也是宝洁口碑最好的制度之一，它涵盖了宝洁从实习生到总经理的所有员工，自迈进宝洁大门的那一天开始，培训的项目将会贯穿他们直到退休的整个职业生涯。在不同的职业阶段，在不同的部门岗位，宝洁大学都有相对应的培训项目——就仿佛是一条制造人才的流水线，在个人成长的不同环节为其定制不同的部件和养料。

1. 衡量企业大学有效性的三大指标

宝洁不主张许多公司进行的"培训满意度调查表"这种初级形式，也不主张劳师动众进行360度评估。宝洁认为，以下三个指标简单而有效。

第一，岗位技能合格率。不同岗位上的员工(特别是中高层管理人员)岗位技能合格的比例是企业大学应追求的首要目标。

第二，新技能培训到位率。公司开展一项新业务，进入新的市场和领域，企业大学必须保证在最短的时间内使员工掌握新的技能。

第三，新技能应用百分比。在接受培训半年后，由上级主管对员工培训内容的应用进行评估，看有多少人应用技能改变了工作绩效。

2. 宝洁大学的四大组成部分

宝洁大学由全球总部的GM学院、全球总部职能部门的职能学院、各大区的宝洁学院和大区的职能学院共同构成（见下图）。宝洁在全球每个大区都有一所宝洁学院，每个大区中的职能部门都有自己的职能大学。

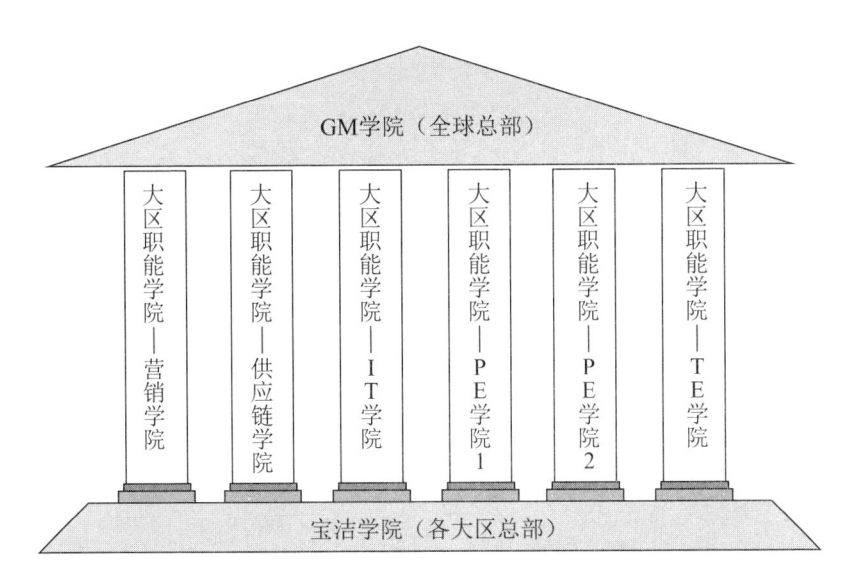

GM学院（全球总部）

大区职能学院—营销学院 ｜ 大区职能学院—供应链学院 ｜ 大区职能学院—IT学院 ｜ 大区职能学院—PE学院1 ｜ 大区职能学院—PE学院2 ｜ 大区职能学院—TE学院

宝洁学院（各大区总部）

总部GM学院：作为宝洁的总经理学院，其培训对象是各国总经理级及拟提升为总经理的员工，为其授课的也大都是宝洁总部的总裁级高管。

总部职能学院：主要担任高级专业人员的技术和专业培训，由全球总部的职能部门组织实施。各大区职能部门的PE（工艺工程）学院主要针对新入职的技术人员，对于已经工作了7~8年的技术人员，则由TE（高级工程）学院负责更有创造性的提升培训。

大区宝洁学院：设在大区人力资源部内，由人力资源部副总监负责运作，下设4~5名培训协调员，主要负责M系列(管理系列)1~3职位层次的培训和新员工公共部分的培训。以中国宝洁学院为例，共有20多门公共课程，包括领导力、沟通技能、项目管理、高效会议、团队建设、公文写作等。

大区职能学院：与宝洁学院不同，职能学院则是高度灵活的非正式组织，大部分人员都是兼职，而且学院的名称每年都可能发生变化。

3. 宝洁培训体系

（1）全员内部提升机制

首先，是被宝洁人骄傲地视为核心竞争力的"内部提升制"。从宝洁全球建立之初，"内部选拔"的用人制度就被写进了核心价值观，在一百多年的漫长岁月中，从未改变过。

在宝洁，除非像法律、医生等极少数岗位，几乎所有员工都来源于校园招聘。宝洁每年都会从全国一流的大学招聘优秀的大学毕业生，并通过独具特色的培训把他们培养成一流的人才，宝洁坚信一张白纸才好绘制最新最美的图画。

从不使用空降兵，基本上所有的管理岗位（包括CEO）都是从内部提升的，这也成为宝洁文化得以纯净的主要原因。

内部提升制是典型的"近亲繁殖"，宝洁人认为，主要有以下好处：员工拥有共同的语言和行为模式；员工对企业的忠诚度高，人才流失率低；企业文化易于传承；工作中的内部交易成本低。

（2）每一个管理者都是培训师——纯血统的内训师队伍

宝洁从来不用外部讲师，宝洁的培训课程几乎都是纯血统内部讲师负责的。讲师血统纯正是宝洁内部培训师队伍的一大特点，对此，宝洁有以下三点解释：1）用不着。宝洁有一百多年历史，积累的知识和培训师足以应付所有课程。2）讲不好。外部培训师不能联系宝洁的实践，学员不喜欢空洞的知识。3）危险大。外部培训师不了解宝洁文化，有可能造成学员思想上的混乱。

宝洁虽然严守内部讲师制的传统，但并没有闭关自守。如果外部有好的课程，宝洁会派内部讲师去参加，然后转化为宝洁内部的课程。如，宝洁内部讲师也会参加摩托罗拉大学、惠普商学院等企业大学举办的课程培训，成功引进六西格玛的课程，并改造成比较适合宝洁销售和服务行业用的内部课程。

从这个侧面也可看出宝洁对培训师的课程设计和课程开发能力要求非常高，唯有如此，培训师才能完成知识的引入和内化的重任。

（3）以课程为核心的讲师认证流程

宝洁内部讲师的认证以"课程"为单位，而不是以"人"

为单位，每一门课程同时有几名认证讲师，每门课程有一名首席讲师。在宝洁，某个人不是笼统地被称为宝洁的内部讲师，而是具体为某门课的讲师。如果这个人要讲授新的课程，必须经过新的认证程序，通过后才能讲授，这样就保证了课程的质量。

（4）不断更新的课程

另一项在此必须要提及的宝洁培训特色是不断更新的课程。虽然有着庞大的课程库，课程门类也非常齐全，但宝洁人依然坚持自己的观点：一年内不用的知识不讲！

宝洁非常重视课程所传授知识的实用性和时效性，没有一门课程的PPT课件是一成不变的。在宝洁，有条不成文的规矩，就是每讲一次课，课件内容要有10%的更新。这也是宝洁"课程比讲师重要"理念的体现。

跟市场上的许多专职培训师相比，宝洁的培训师口才台风不一定是最好的，但是宝洁的培训师一定是最注重课程研发的。因为，宝洁并不需要培养一群口齿伶俐的演说家，它需要的是一群善于知识管理，善于课程研发，善于向受训者传播最实用有效的知识的培训师。

在宝洁，课程更新的途径主要有以下几点：

- 各大区与总部定期交流；
- 世界各地的宝洁公司之间相互交流；
- 讲师更新带来的课程内容更新。由于某门课的讲师授课2~3年后，就进入了厌倦期，开始由新讲师负责该课程，新讲师总会有一些改进，通过这种方式，宝洁课程得到持续的生命力；

- 与外部咨询公司或其他企业大学等专业机构交流合作，引进外部课程；
- 通过宝洁的知识管理系统，把自己或同事拥有的知识和技能转化为标准化的课件。